杜秉佑 編譯

自由的自然──
自然哲學的當代表述

黑格爾

Georg Wilhelm
Friedrich Hegel

自然與自由，並不是對立關係
你熟悉的自然，也有它的邏輯與語言
當自然不再只是資源，我們該如何重構與它的關係？
哲學不該退居象牙塔，
也能成為生態與制度的行動起點

目錄

序言 ………………………………………………… 005

第一章　自然作為理念的外化 ……………………… 009

第二章　機械論自然的辯證批判 …………………… 035

第三章　物理學與自然的結構辯證 ………………… 063

第四章　有機體的理念構成 ………………………… 089

第五章　自然與生命的邊界再思 …………………… 113

第六章　地球與宇宙：自然的宏觀邏輯 …………… 145

第七章　自然與精神的過渡機制 …………………… 175

第八章　自由與自然法的哲學辯證 ………………… 205

第九章　現代自然科學與黑格爾的距離 …………… 231

目錄

第十章　自然作為自由理念的現身 ··························· 255

編後語：

理念仍在自然中行走 —— 黑格爾思想的當代迴響 ······· 279

序言

　　在人類文明的當下，當我們面臨氣候變遷、生物滅絕、能源危機與技術進逼等前所未有的挑戰時，自然已不再是可任意利用的資源庫，也不只是科學研究的對象，而是一面鏡子，映照出我們對自由、秩序與價值的根本理解是否仍具效力。我們不禁要問：自然到底是什麼？它只是物質運動的總和？還是一種理念、秩序、甚至道德的潛在基礎？哲學是否可能重新進入自然問題，超越環保技術與政策辯論，提供一種對自然作為存在與自由之場域的深層詮釋？

　　在這樣的問題意識下，本書以黑格爾的自然哲學為思想軸心，展開對自然作為理念自我實現場域的系統性重構。黑格爾這位十九世紀德國哲人，其體系龐大、結構複雜，然而，他對自然所投注的哲學關注，並非古典自然神學的延續，也不是現代自然科學的替代，而是一種理念對自身異化與回歸的辯證圖景。若說康德還將自然與自由對立，黑格爾則致力於揭示兩者的統一可能。

　　黑格爾自然哲學的最大困難，也正是它最具潛力之處：它不只是描述自然，而是將自然視為理念的展現，是邏輯運動於感性世界中的落實。對黑格爾而言，自然不是靜態客體，也非

序言

與精神對立的他者,而是理念自我展開的中繼階段,是自由理念在失落中尋求重構的過程。

然而,這種看似形上學式的語言,在當代學術中常被視為抽象或無關緊要。自然似乎應交由科學處理,倫理應屬人文關懷,哲學則不應介入具體事務。但正因如此,我們更需要黑格爾這種能統攝邏輯、自然與精神的思想系統,幫助我們穿越知識碎片化與價值相對化的困局。

黑格爾自然哲學若經過當代表述,非但不過時,反而成為理解自然、制度與自由關係的基礎哲學資源。

本書嘗試以以下三個策略重構黑格爾的自然哲學:

1. **結構分析**:我們從黑格爾整體哲學體系的架構出發,梳理自然哲學在邏輯學與精神哲學之間的關鍵位置。自然既是理念的外在化,又是自由精神的孕育場域,因此其不再是體系中的過渡性附錄,而是辯證運動的核心轉折。

2. **觀念轉譯**:我們不採用原始術語堆疊的方式,而試圖將「理念」、「現身」、「有機性」、「目的性」等核心概念,轉化為當代表述,使其與演化論、生態學、系統論等現代知識對話。

3. **案例連結**:每章節皆輔以具體實例,如臺灣的能源轉型政策、生態城市規劃、人工智慧的倫理爭議、自然災難的制度應對等,旨在顯示自然哲學不只是思辨學科,而與政治、教育、藝術與制度設計密切相關。

透過這樣的寫作策略，我們希望使黑格爾自然哲學不再停留於哲學史的學術象牙塔，而成為可思、可議、可行的思想資源。

本書共分十章，每章七節，依序從自然作為理念外化之起點，經由生命、生態、精神、制度等辯證發展，最終抵達自然作為自由理念現身與再展開的可能性。具體而言：

- 第一至三章以黑格爾自然哲學的基本概念為核心，探討自然與邏輯、生命、目的性之關係；
- 第四至六章則進入自然與文化、制度、宇宙觀的交界，鋪陳自然作為歷史與倫理場所的論證；
- 第七至九章則檢討自然與精神如何接軌，並對現代科學發展提出黑格爾式反思；
- 第十章作為總結，呈現自然如何不僅是自由理念的出發點，更是其永續實踐的歷史場域。

各章節內容皆力求概念深度與文本清晰的平衡，使讀者即便無黑格爾背景，也能理解辯證運動的精神與結構。

我們撰寫這本書，並非為了重述經典，而是為了重新開啟對自然的哲學關懷。我們相信：只有當自然不再只是統計資料與操作對象，而成為倫理、制度與精神實踐的有機部分，人類才能真正建立一種不以支配為前提的自由關係。

序言

　　黑格爾自然哲學的真正價值,在於它提供了一條讓我們在現代危機中重新理解自然與自由、理念與歷史之間關係的思想道路。這條道路或許艱難,但正如黑格爾所言:「理念只有作為被實現時,才是理念。」

第一章
自然作為理念的外化

第一章　自然作為理念的外化

1. 自然與理念之分：黑格爾體系中的外化概念

自然並非與理念對立，而是理念的他者化

　　黑格爾的自然哲學之所以與傳統自然觀有根本區隔，正在於他拒絕將自然視為一個外在於理念的對象性世界。相反地，在黑格爾的哲學體系中，自然被定義為理念自身的「外在化」（Entäußerung），亦即理念從其純粹邏輯的內在運動邁出，進入外在存在的開展場域。這並不意指自然是理念的墮落或敗壞，而是一種必要的發展階段，是理念在其自我實現過程中所必經的外化階段。

　　根據黑格爾在《哲學科學百科全書綱要》中《自然哲學》的架構，自然的地位是在邏輯學完成其自我閉合後，作為理念的客觀化形式而出現。這種客觀化並不是具體個體的物質表現，而是理念在不再只是邏輯關係中的自我內反思之後，進入對自身的他者關係建立的必要路徑。換言之，自然是理念面對自身的他者形式，透過這個他者性，理念才得以經由否定性的過程返回自身，並在精神領域完成圓滿的自我肯定。

　　這樣的觀點使得自然不再只是如笛卡爾式的被操作、測量或定量化的對象，而是擁有自身內在邏輯進程的運動場域。在

1. 自然與理念之分：黑格爾體系中的外化概念

此脈絡下，自然不是被排除在理性之外的「物的總和」，而是理念運動過程的一環，是精神邏輯得以完成的中介環節。

外化與邏輯展開之關係：從邏輯學到自然哲學

在《邏輯學》中，黑格爾已經建立起理念的三重結構：即存在論（Seinslogik）、本質論（Wesen）、概念論（Begriffslogik）。在這個邏輯進程完結之後，理念達到其內在一致與自我肯定，然而正因如此，它無法停留於內在閉環之中，必須透過否定性的過程展開向外，進入一個非自身的場域中去檢驗其真實性。這便是自然的誕生。

在這裡，自然並非是另一個起點，而是理念的延續。若沒有理念邏輯的先行運動，便無從理解自然之為何存在，亦即自然並非第一性者。黑格爾用「理念的外在化」來標示這一點，指出自然並不是「無因自生」，而是理念出於自身邏輯發展而產生的現實存在形式。

這種觀點與傳統形上學或科學自然觀有重大差異。近代自然科學，如牛頓的機械論，將自然視為外在於思維的客觀機械過程，但黑格爾則主張，自然的存在依賴理念的邏輯發展，它不是獨立於思想之外的物，而是理念內在結構的具體化。因此，自然的規律性與偶然性皆應從理念的外在展現去理解，而非僅從經驗歸納或數學模型來建構。

第一章　自然作為理念的外化

黑格爾與康德的分歧：
理念與自然之關係的根本差異

　　與康德不同，黑格爾不接受將自然作為「物自體」與認知之間的鴻溝來理解。康德在《純粹理性批判》中強調，我們所知的自然只不過是經由先驗形式所構成的「現象」，而非本身的真理存在。黑格爾則堅決主張理念自身就是現實，其真實性並不在於超越經驗的某種不可知物，而在於理念在自然中的具體運動。因此，黑格爾的自然哲學不是關於「自然作為不可知物的認識界限」，而是關於自然作為理念展開過程中的一個環節。

　　這一觀點也標示出黑格爾自然哲學的辯證核心：自然是理念的他者化，但這個他者不是異質的，而是理念自己為了完成自我而必須經歷的異化形態。只有透過與自然的對抗、否定與超越，理念才能發展出精神層次的自我認識。

外化的危機：自然中的不合與偶然

　　然而，黑格爾也並不否認自然的非理性特質。在《自然哲學》中他承認，自然相較於邏輯理念，具有更高程度的偶然性與不合性。這種不合是理念外化必然伴隨的結果。自然無法完整表達理念的內在結構，因此它展現為一種分散、不規則且多樣的存在形式。

　　這些「不理性」的存在面貌並不是對理念的反駁，而是顯

示理念在外化過程中的限制與必要。他在《自然哲學》開頭即言:「自然作為理念的外在,是一種不得不發生但並不完滿的存在。」這也正說明了為何自然界中的秩序總是伴隨混亂,必然性總是與偶然性交織而存。

結語:自然作為理念運動的辯證舞臺

從黑格爾的系統來看,自然不是外在世界的總稱,也不是單純的對象集合,而是理念自身從內在邏輯走向客觀現實的必要路徑。在這一觀點下,自然哲學是對理念在物質世界中如何運作與失落,進而為精神的開展預備條件的哲學反思。

黑格爾的自然觀也啟示我們:真正的自然研究不應限於實證方法,而應與理念運動的理解結合。這種觀點為當代自然哲學與生態倫理學提供一個嶄新的起點,也使我們得以在自然中看見理念在世界中的具體現身。

2. 理性與自然的張力:由邏輯走向自然哲學

從邏輯的完滿走向自然的分裂

黑格爾的哲學體系從《邏輯學》出發,建立一個純粹理念的封閉系統,其特點為高度的一致性與自我中介性。邏輯學中的

第一章　自然作為理念的外化

理念,透過辯證進程達到絕對觀念的階段時,已臻於內在一致的最高境界。然而,這種一致性本身也造成其運動的終止,理念無法繼續在自身的閉合中進行發展,必須經由否定性運動向外突進,從而產生自然的層次。這一突進是其完成自身的必要環節。

自然因此不只是理念的否定形式,而是理念在不一致狀態中的存在。自然中充滿分離、對立與不完全性的狀態,與邏輯學中的合一、自我關聯恰成對比。在這種張力中,黑格爾指出,自然所展現的偶然與不和諧正是理念為了實現自我回歸所必須經歷的「異在」階段(Anderssein)。

理性如何在自然中受限

黑格爾認為,自然中雖然隱含理性結構,但其表現卻極為有限。自然世界的現象無法完整展現理念的邏輯性,這種不完滿使得自然的理性顯得斷裂與破碎。自然中的法則、結構或規律雖然可被科學發現,但黑格爾認為這些都只是外在關聯,無法達到理念中那種內在的必然性。因此,理性在自然中處於被遮蔽與變形的狀態,它不再以自我顯現的方式存在,而是透過偶然性、差異性與多樣性來運行。

例如,植物的成長雖顯示出一定的方向性與自我維持能力,但它無法像理念本身那樣反思其存在意義,也無法將其活動提升為自覺的自我活動。這也說明了自然中的理性是潛在

的,是理念尚未回歸自身前的預備階段。因此,自然不是非理性的世界,而是理性尚未自覺的狀態。

從理性科學到辯證自然觀

與近代自然科學所強調的「客觀觀察」、「數學模型」或「因果律」不同,黑格爾採取的是辯證自然觀。他認為,自然無法被純粹量化與靜態分類所捕捉,因為自然本身就是一個運動與過渡的結構,具有內在發展的邏輯。這種觀點與牛頓機械論或培根的經驗主義形成對照,也對當代自然觀念提供反思空間。

黑格爾自然哲學的辯證進路,強調自然自身的邏輯展開,例如從空間到時間、從機械到有機、從生命到精神,這種層次分明的發展不是任意排列,而是理念邏輯的具體化歷程。因此,自然的多樣性背後潛藏著一種內在關聯與生成結構,而非雜亂無章的存在堆積。

自然中的理性碎片與理念召喚

黑格爾在自然哲學中指出,自然並非理念的圓滿展現,而是一種處於分離與對立狀態的存在形式。理念在這一階段呈現出「異在」(Anderssein)的特徵,即與自身統一性脫節的外在展現。自然中的理性因此不再是自我反思、內在一致的整體,而是以分散、偶然、非合一的形式出現,表現出理念與其真實自

身之間的張力。這種張力正是理念實現自身、回歸整體性的必經歷程。

這種觀點也對當代哲學帶來啟示。例如，環境哲學強調自然的內在價值時，也應考慮到自然的理念性展現，不僅是對自然權利的捍衛，更是對自然中理念運動的回應與實踐。自然不再是被動的資源，而是理念召喚我們理解並重構其秩序的現場。

結語：張力中的哲學開端

理性與自然的張力，不僅標示黑格爾自然哲學的出發點，也為理解自然提供了不同於實證科學的哲學路徑。在這條路徑中，自然不再只是需被掌握的客體，而是理念歷程中不可或缺的篇章。唯有透過理解這種外化與回歸的過程，我們才能看見自然中的精神萌芽與哲學基礎，進而展開對當代自然問題的深層思考。

3. 外在性與偶然性：自然的非理性結構初探

自然中的外在性作為理念之否定表現

在黑格爾體系中，自然之所以與理念本身呈現出斷裂與疏離，正是因為自然乃理念「外在性」（Äußerlichkeit）的展現。這

3. 外在性與偶然性：自然的非理性結構初探

種外在性不僅指向自然界中現象彼此的並列與缺乏內在必然性，更指向自然作為理念自身未能自我關聯的形式狀態。與邏輯學中充滿內在連貫性的理念相較，自然界的結構呈現出分散、非連續且非反思的形貌。黑格爾指出，這正是理念在其外化階段所必然呈現的不一致性與偶然性特徵。

這種外在性導致自然現象難以自我解釋，亦無法達致真正的內在目的性（Zweckmäßigkeit）。一顆石頭的存在並不來自其自身理念的實現，而只是結果於力學條件與環境因素的總和；植物的成長雖具目的性，但該目的並非反思之產物，而是本能性與機能性之結合。自然中的每一個事物，都未能自我說明其存在價值，亦缺乏將自己提昇為理念主體的能力。

偶然性的邏輯根源與自然中的展現

黑格爾對自然界的偶然性（Zufälligkeit）提出深刻分析，指出偶然並非純粹無理，而是理念外在化過程中必然出現的階段。在邏輯結構中，偶然性來自可能性與現實性的張力，而一旦理念步出邏輯的內在整合，進入自然世界，其本質便無法完全支配具體形態，於是偶然性成為自然存在的主調。

自然現象中充斥著看似無理的變化：氣候變遷、基因突變、地質運動、物種消長，這些都無法透過單一理性規則加以解釋。偶然性在此成為理念尚未能主導的區域，亦即理念力量的限制

第一章　自然作為理念的外化

所在。然而，這種偶然性並非理念的否定，而是理念通往更高自我實現的中繼站。

自然規律的非理性表現與科學困境

黑格爾批評自然科學常以定律與公式涵蓋自然，卻忽略自然本身的不確定與非理性結構。科學可以描述落體運動、化學反應或遺傳機制，但這些都無法觸及自然「為何如此」的本質問題。原因在於自然中的規律大多是「外在必然性」，缺乏邏輯內生的結構整合。

舉例而言，重力定律能說明蘋果為何落地，卻無法說明為何有蘋果、有重力、有空間與時間這樣的存在條件。黑格爾認為，這種外在知識的困境正顯示自然的非理性結構，即自然的規律並未從事物自身概念中演化出來，而是基於觀察、歸納與模型建構的結果。

外在性與偶然性的辯證轉化可能

雖然自然具有外在性與偶然性，但黑格爾並不止於揭示其混亂與片段。他更進一步指出，這些看似不理性的存在形式正是理念通往精神的必要過程。透過對自然中偶然現象與非理性結構的觀察，人類得以反思自身之理性限制，進而引發對理念統整能力的渴望。

自然中的不穩定性與分裂性,讓人類經歷理念的失落,這種失落反而召喚出理性的重建契機。正是在面對外在性與偶然性之際,精神才有可能開始運作,並透過辯證過程重構世界秩序與意義。因此,黑格爾強調,自然的非理性並非終點,而是一種指向理念回歸的「否定性動力」。

結語:非理性中的理念召喚

黑格爾自然哲學中的外在性與偶然性,這是對理念歷程的深層肯定。這些看似混亂無序的特質,其實蘊含理念尚未顯現的張力與動力,是自然作為理念外化必經的形式。透過對自然非理性結構的辨析,黑格爾引導我們看見理念於現實世界的失落與尋回,這正是其辯證哲學之所以深刻的關鍵所在。

4. 自然界的運動:從靜態實體到動態過程

從物理現象到邏輯結構

自然,對黑格爾而言,不是一個靜止不動的物件集合,也不是單一形式的機械體系,而是一個持續變化、發展與展現其內在邏輯結構的動態整體。第四節的核心在於揭示自然界的運動如何成為理念展開的重要形態,並指出運動不僅是物理層面

第一章　自然作為理念的外化

的現象,更是一種結構性的邏輯表現。在此基礎上,黑格爾自然哲學對運動的理解,超越了單純力學模型,而轉向一種更深層的存在論與邏輯辯證。

黑格爾在《自然哲學》中明確指出,自然界的根本特質之一即為運動(Bewegung)。運動不是附著於自然物的偶發性狀態,而是其存在的根本樣態。這一點與牛頓自然觀截然不同,後者視運動為受力影響的外在結果,而非事物本身內在結構的展現。對黑格爾而言,沒有靜止的自然物,靜止只是運動的特殊形式,運動才是存在的真實表現。在此邏輯之下,自然界的每一現象都是運動的表現形式,而運動本身也不再是單一方向的位移,而是具有內部否定性與矛盾性的結構展開。

時間與空間的辯證運動:自然內在的自我超越

這一點可以從他對時間與空間的辯證理解中看出。黑格爾認為空間表現的是外在性,而時間則是空間自我否定的形式。換句話說,時間的誕生正是空間在內部開始運動、自我否定與超越自身所產生的動態性存在樣態。因此,運動不僅僅是一種物理性的描述,而是自然界邁向更高層次理念實現的中介條件。

舉例來說,天體的運行看似週期穩定,然而在黑格爾眼中,這些運動不僅代表物理機制的穩定性,更是理念在自然界以可預測且穩定模式進行自我顯現的形式。但這種表面穩定性中也

4. 自然界的運動：從靜態實體到動態過程

蘊藏不穩定因素，如引力變化、軌道偏移與質能交換，說明運動本身並非簡單重複，而是潛藏辯證結構的不斷轉化。

生命運動的目的性與理念的回歸

此外，在有機自然中，運動更顯深刻。植物的生長、動物的移動與生命週期等皆表現為有目的性（Zweckmäßigkeit）的運動。在這裡，運動不再只是空間上的變化，而是一種自我維持、自我更新與自我再生的動態結構。例如細胞分裂不僅是生理變化，更是有機整體朝向自我保存邏輯的行動，是理念於自然界內部開始回歸自身的預兆。

然而，黑格爾也不否認運動所顯現的偶然性與不穩定性。他指出自然中的運動常帶有非預期性與突變性，這些現象如風暴、地震、火山爆發等，都體現出自然界中理念與外在性之間的張力。這些不穩定的運動狀態，是理念尚未能完全掌握其客觀展現的結果，也顯示出自然作為理念外化狀態下之不完滿性。

運動的層級結構與當代表徵的照應

黑格爾認為，理解自然界的運動必須從三重結構思考：一為機械運動，表現為外在的物理變化，如力與反力；二為物理運動，表現為質能變化與相互作用，如化學反應與能量釋放；三為有機運動，即生命體的自我運動，如代謝、生長與繁殖。這

第一章　自然作為理念的外化

三種運動形式層層遞進,從外在聯結逐步過渡到內在目的性,從純粹他在性邁向理念內在之實現。

特別是有機運動,黑格爾認為其已初步表現出理念的自我回歸能力。生命體不僅表現為存在於自然之中,更開始以自身為依據進行內部規劃與生成。在此基礎上,運動不再只是存在的附屬,而成為理念的具體形象,是自然哲學中最接近精神哲學的一階段。

當代自然科學與生物學對此觀點提供了意外的佐證。像是動態系統理論(Dynamic Systems Theory)與複雜性科學(Complexity Science),皆強調自然界中的運動不是線性的、可預測的,而是非線性與高度敏感的。這些理論與黑格爾的辯證運動觀恰可互補:理念不是對自然的壓制,而是透過非線性的內在秩序在自然中逐漸展開。

結語:運動中的理念自現

最終,黑格爾強調運動作為一種邏輯結構,其哲學意涵遠超過物理層次的描述。他指出,只有理解自然界的運動為理念外化的辯證步驟,才能跳脫實證科學對運動之機械詮釋,進而揭示運動背後的理念基礎。運動既是理念對外的自我展示,也是理念對自身缺席的否定,是自然通往精神的關鍵橋梁。

在黑格爾自然哲學的辯證圖式中,運動不再是被動地服從

定律的結果，而是理念自身矛盾結構的實踐現場。這樣的觀點也為當代生態哲學與自然倫理學提供新的理解路徑：自然不是靜止的資源集合，而是處於持續運動中的理念實現場域。

從靜態實體走向動態過程，不僅是自然在時間中的存在形式，更是哲學認識由本體論走向生成論、由物的邏輯邁向過程邏輯的關鍵躍進。黑格爾透過對運動的深層反思，賦予自然以理念動態結構的尊嚴，使自然不再是他在性之場域，而是理念自我顯現與自我重構的舞臺。

黑格爾對自然界運動的理解，打破了傳統哲學與科學中將自然簡化為靜態結構的傾向。他透過運動的邏輯辯證，揭示自然不是理念的反面，而是理念在否定中尋求自身的回歸途徑。運動因此不僅是物理現象的連續性，更是精神生成的節奏與邏輯展現。這種理解使我們在思考當代自然問題時，不再局限於控制與利用的框架，而得以看見理念在自然中隱約浮現的哲學深度。

5. 自然界的差異化：量度、質變與中介

自然作為差異展開的辯證進程

自然不僅作為理念的外化展現出動態與生成，其內部更不斷產生區分（Unterschied）與特殊性（Besonderheit）的展開。這

第一章　自然作為理念的外化

些區分並非隨機或偶發，而是根據邏輯與辯證法所驅動的生成進程。黑格爾認為，自然界的結構轉變與多樣性，並非外加秩序的結果，而是理念在外在性中自我推展的表現。本節將聚焦於黑格爾如何透過「量度」、「質變」與「中介」三個概念，呈現自然界由統一走向多樣、由不確定走向有機秩序的內在理路。

從量變到質變：差異化的邏輯機制

在黑格爾的邏輯學中，「量」與「質」並非對立項，而是彼此滲透並透過轉化實現發展的基本向度。當我們轉向自然界來看這一邏輯結構時，可以發現自然現象本身亦呈現類似邏輯。自然物的存在，從最初的均質狀態（如氣體或單一元素），經由量的增減、密度變化、能量轉移等逐步展開差異，使得質的轉變得以發生。例如，水的沸騰點、金屬的熔點，都是量變觸發質變的例證。

然而黑格爾更進一步指出，在自然界中，「量變」並不只是外在增減的結果，而是內在關係與邏輯張力的體現。自然的差異不是堆疊的、靜態的，而是內在生成的、有機的。植物的生長不只是細胞數目的增加，更伴隨著功能性質的改變與階段性質的再組織。這種從同一走向差異、從簡單走向複雜的結構演變，恰恰說明自然內部具有理念的邏輯運動。

5. 自然界的差異化：量度、質變與中介

中介的角色：在對立中產生結構與秩序

更進一步，黑格爾藉由「中介」(Vermittlung)來說明自然中差異的統合機制。自然界中的多樣性與對立，若無中介便無法構成一個整體。例如在生態系統中，捕食與被捕食之間看似敵對，但彼此卻又在能量流動與種群平衡中維持整體的穩定。這種中介關係正是差異得以產生結構、產生秩序的機制。

中介的存在不只是消弭對立，而是讓對立成為動態平衡的條件。這正如黑格爾所指出的，中介是對立統一的機制，使得對立在其發展過程中得以統一。在自然界中，不論是礦物結構的排列、物理定律中的平衡點，還是生命體內部的代謝程序，皆表現出一種中介作用的邏輯形式。這使自然不再是分裂的多，而是一種差異中的統一，一種在對立中實現理念的結構。

從自然差異走向精神生成與當代表徵

這也帶出一個關鍵議題，即自然的差異化如何為精神的生成預備條件。黑格爾認為，唯有自然界中存在結構性差異，理念才得以透過具體內容的展開反身地理解自身。例如，人的感官不是一種單一的認知方式，而是透過視覺、聽覺、觸覺等多重感官差異實現對世界的整體感知。同樣地，自然的多樣性也為精神的起源與表現創造必要的條件。精神無法在均質世界中誕生，只有當世界充滿差異、張力與結構時，精神才能在這些

第一章　自然作為理念的外化

差異中找到自身的能動性。

當代自然科學也在某種意義上呼應黑格爾的這一觀點。現代物理學中的相變理論（Phase Transition）說明了量變如何造成質變；複雜系統理論則強調中介機制對於系統穩定與演化的重要性。這些理論並非意圖回到黑格爾體系，但無意間證實自然並非機械拼裝的結果，而是一種內在差異生成與中介統整的整體過程。

這樣的自然觀也對倫理學與環境哲學有深刻啟示。在面對自然資源爭奪與生態破壞時，我們若僅以靜態、量化的方式來衡量資源配置與使用效率，便會忽略自然內部差異與中介結構所建構出的脆弱平衡。唯有尊重自然差異性、理解其內在結構與生成邏輯，才能建立出可持續的倫理實踐與政治經濟安排。

結語：差異中的秩序與理念生成

最後，我們可總結指出，黑格爾自然哲學中關於「差異化」、「量變與質變」、「中介」的分析，不僅深化了對自然界結構的理解，更揭示了理念如何在外在世界中展開其實在性。自然不再只是理念的外在化與他在，而是在差異中顯現其必然性與邏輯秩序的動態舞臺。

自然的差異化是理念生成與實現的契機。透過量變觸發質變，透過中介維持統一，黑格爾為自然界提供了一套不僅描述現

象,更揭示其結構性與目的性的哲學路徑。在當代面對自然議題時,這樣的哲學思維或許能為我們提供超越數據與技術之外的深層理解,重新看見自然本身作為理念之現場的尊嚴與深度。

6. 自然與精神的界線:黑格爾的辯證三重結構

自然作為理念的否定性現身

黑格爾的自然哲學並不止步於對自然內在結構的分析,他更意在探尋自然與精神之間的關係與過渡。自然作為理念的外化,雖在其內部展現出各種運動、差異與中介結構,但這一切是否僅止於自然?抑或自然本身蘊含著一種超越性的向度?黑格爾給出的回答是肯定的 —— 自然雖非精神,但卻是精神得以顯現、展開與回歸自身的必經階段。

在本節中,我們將深入探討黑格爾如何透過其哲學體系中的三重結構,來說明自然與精神之間的界線與連續性。這不僅是一個抽象的哲學問題,更牽涉到對人類自我理解、世界認識以及倫理實踐的根本反思。透過對自然界中理念實現的辯證分析,黑格爾揭示了一條從自然向精神過渡的邏輯軌道 —— 從抽象透過否定,邁向具體的自我意識。

第一章　自然作為理念的外化

從他在性到自我意識：辯證三重結構的生成歷程

　　黑格爾的哲學體系展現出一種辯證的三重結構，即從直接的存在狀態出發，經歷其對立或外在化，最終實現更高層次的統合。在自然與精神的發展路徑中，自然作為理念的他在（Anderssein），展現出其外在性與不一致；而精神則代表理念的返身與自我在場（Bei-sich-sein）。這樣的運動並非靜態三段分類，而是由內在矛盾推進出的轉化性發展。

　　自然之所以成為精神生成的基礎，是因為它雖外在、分裂、偶然，卻也正因此使得理念的否定性得以具體實現。自然在其展開過程中呈現出從純粹量的規律，到質的差異，再至有機體內部目的性發展的連續階段，這種層層遞進的組織，使得精神得以在其中尋找其「否定之否定」的起點。也就是說，唯有自然發展到有機生命，理念才有可能透過生命體的內在目的性，進一步邁向意識與自我認識的萌芽。

植物、動物與人：從生命邁向精神的階梯

　　舉例而言，黑格爾將植物與動物視為自然與精神之間的重要中介。植物儘管具備生命，但其活動形式仍為自發性的伸展與繁殖，缺乏內在主體性。動物則不同，具有感覺器官與行動能力，乃至初步的意識活動，這使得動物成為「尚未自覺的精神」之載體。人類則進一步將這一層次推進至自我反思的高度，

6. 自然與精神的界線：黑格爾的辯證三重結構

也就是精神在自然之中首次完成「回歸自身」的歷史步驟。這樣的進程展現了從自然邏輯至精神邏輯的辯證轉換，也顯示三重結構不僅為思辨結構，更是自然生成的內在規律。

黑格爾的這種思路也回應了康德與費希特對自然與自由張力的處理方式。康德主張自然律與自由律的並存性，使自然與精神存在一種「不可橋接的裂縫」；而費希特則傾向將自然視為主體的對立物，是主體生成過程中被克服的外在性。相對之下，黑格爾則主張自然與精神之間存在一條可辨識的邏輯通路，亦即從理念的外化（自然）通往其內化與實現（精神），這是一種透過否定性實現的連續性，不是跳躍或創造，而是發展與展開。

自然不是對立物，而是生成的舞臺

這也意味著黑格爾對自然的理解帶有深厚的存在論意涵。在他看來，精神並不是從自然中剝離出來的突變，而是理念在自然中發展自身潛能的結果。因此，精神並非脫離自然的超越存在，而是自然自我邏輯發展到一定階段後所實現的自我規定。精神之所以能成為理念的最高形式，正是因為它經歷了從自然到自我反思的整個辯證歷程。

這樣的觀點對當代思潮亦有啟發作用。現代神經科學與人工智慧的進展，讓我們重新審視精神與自然之間的邊界是否如舊有哲學所認定那樣清晰可劃。黑格爾的自然哲學指出，若精神本質上並非排斥自然的純粹意識狀態，而是自然透過其內在

運動而生成的自我反思形式,那麼精神與自然之間的關係將不再是二元對立,而是動態連續的生成關係。這對理解意識的自然基礎與文化生成,提供了哲學上的結構性框架。

更具體地說,我們可以將黑格爾的三重結構在自然與精神轉換中的應用,視為以下三個階段:第一階段是自然本身,即作為理念的他在之狀態,其中規律性、分裂性與外在性並存;第二階段是自然的自我內聚,即有機體的出現與目的性發展,此階段顯示理念開始「回向自己」;第三階段則是精神之出現,亦即理念經過自然的否定性階段,實現其「對自身之在」的能力,進而進入倫理、藝術與宗教等更高層次的精神生活形式。

從這個觀點看來,黑格爾哲學並不排斥自然,而是視自然為精神生成的必要條件與歷史舞臺。他對自然的辯證詮釋,也提供當代生態倫理學與環境哲學一個新的視角——自然不僅應被保護,更應被理解為理念展現與精神孕育的母體。若自然的價值不僅在於它能被利用,而在於它本身具備理念邏輯的展現結構,那麼自然倫理的根基也將不再建立於功利主義或人道關懷之上,而是建立在理念實現的形上學根源之中。

結語:邁向精神的理念轉向

黑格爾透過三重結構揭示自然與精神之間非線性但辯證的生成關係,強調理念如何透過自然的否定性過程最終回歸自

身。這不僅重塑我們對自然之價值的理解，也啟發我們反思人在自然之中的定位。精神不是自然的敵手，而是自然的完成形式，是理念透過世界歷程的回歸與肯定。

7. 自然哲學的系統建構與現代挑戰

自然不只是客體：黑格爾體系中的自然哲學定位

黑格爾所構築的自然哲學體系，是其整個哲學系統中的第二大領域，緊接於邏輯學、先於精神哲學。這一位置顯示，自然並非僅是被動觀察的客體，也不是任意堆疊的實體，而是理念的具體實現與發展。對黑格爾而言，自然哲學是理念進入時空性與偶然性的展演場域，而非與精神割裂的外部世界。

然而，在當代思想語境下，這種哲學構圖面臨來自科學、分析哲學與後現代思潮的多重挑戰。特別是在面對現代科學的崛起與哲學界對「大敘事」的懷疑時，黑格爾的自然哲學究竟應如何被理解與辯護，成為亟需釐清的問題。

邏輯先於經驗：理念外化的自然論基礎

首先，黑格爾的自然哲學不以經驗歸納為起點，而是依據理念的邏輯展開。自然在此並非經驗的無限累積，而是理念邏

輯自我否定與外化的結果。這種方式顯然與現代自然科學的經驗主義進路不同。

現代自然科學的理論成果雖強調實驗與量化，但在高層次理論建構上，仍不脫黑格爾式的系統性需求。例如，理論物理中的統一場論與複雜性理論皆試圖建立整體關聯結構，與黑格爾自然哲學追尋理念的普遍性結構並無根本衝突。

面對批評：從分析哲學到後現代理論的挑戰

分析哲學對黑格爾的批評多集中於語言模糊與推理不嚴格，但這未必真正觸及自然哲學的核心。而後結構主義所懷疑的整體性與統合性，在黑格爾辯證法中，反而透過「否定之否定」邏輯保留差異並促使整體生成，與簡化的強制一致大不相同。

自然哲學作為黑格爾體系中的第二領域，其特殊性也在於它並不以合一為目標，而是展現理念之不合與外在。這些「不理性」的部分，正是使精神生成可能的條件。這種對不一致性的接納與反思，為我們今日理解自然中的破碎性與危機提供了深刻洞見。

破碎中的系統性：自然哲學的潛能與現代意義

黑格爾自然哲學的系統性與辯證法，正好提供一種整合性的反思模式。從教育與知識建構角度來看，其理念結構與整體

性思維,有助於回應今日知識碎片化與學科間斷裂的問題。

　　黑格爾的自然哲學雖誕生於十九世紀,但其對自然的系統理解與辯證結構,卻在面對二十一世紀的複雜問題時展現持久生命力。面對環境危機與文化斷裂,我們需要的正是這樣一種能穿透表象、整合多元、指向理念之實的哲學眼光。黑格爾的自然哲學,依然可以成為我們思考自然、人與世界關係的深層基礎。

結語:黑格爾自然哲學的當代實踐路徑

　　黑格爾自然哲學的系統性與辯證結構,並非只能停留在抽象的思辨層次。它對「自然不是外部對象,而是理念內在進程的展演空間」的詮釋方式,依然為當代自然觀、教育理念與倫理實踐提供關鍵啟示。在自然面臨危機與人類知識碎片化的時代,黑格爾的哲學強調從差異中理解整體、從否定中建構秩序的思想方式,為重新思考「人與自然如何共在」提供一條嚴肅且深刻的實踐路徑。

第一章　自然作為理念的外化

第二章

機械論自然的辯證批判

第二章　機械論自然的辯證批判

1. 古典力學的概念極限

古典力學的歷史背景與邏輯前提

古典力學，特別是以牛頓（Isaac Newton）為代表的自然力學模型，於十七世紀至十八世紀確立了自然科學的主導範式。它以數學為語言，描述自然物體的運動、交互作用與因果關係，並建立起普遍可驗證的自然法則，如運動定律與萬有引力定律。這一體系展現出強大的預測力與工程應用價值，也深刻地改變了人類對自然的理解。

在這種體系中，自然被理解為由若干離散的物體組成，這些物體在時空之中以可量測、可計算的方式運動與變化。自然界被簡化為一個巨大的機械裝置，每個部分的行為都可以被預測、控制與規範。黑格爾對這樣的自然觀並不否認其功效，但他強調其「邏輯基礎」具有高度抽象性，忽略了自然作為理念外化後的內在複雜性與發展性。

抽象性與機械性：黑格爾的批判核心

黑格爾指出，古典力學以數學抽象為基礎的分析方法，雖然在描述局部運動關係上具有極大準確性，卻無法觸及自然的本質。他認為，這種自然觀將自然視為靜態結構的總和，排除了目的性（Teleologie）、自我生成性（Selbstbewegung）與有機統

整的可能性。

例如，牛頓系統中每個物體的運動是由外力所驅動，這代表自然缺乏內在動力與自我組織能力，違背了黑格爾對理念外化的理解。對黑格爾而言，運動不是外力所加，而是事物內部矛盾結構的表現。若僅以牛頓模型理解自然，我們將無法理解生命、演化與精神現象的生成邏輯。

機械自然觀與整體性的斷裂

黑格爾認為，古典力學對自然的解構邏輯，造成自然整體性的破碎。機械論方法強調將事物拆解為更小單位，再由這些單位加總構成整體。但對黑格爾而言，自然的整體性並非可分割的總和，而是一種辯證的關係網絡，每個部分只有在整體脈絡中才能真正理解。

以天體運行為例，牛頓可以解釋行星運動的數學規律，但卻無法說明宇宙為何具備這種秩序，亦無法解釋秩序與混亂如何共構宇宙生成。黑格爾則強調，這類問題必須由理念結構本身來回答，而非僅依賴數理工具所給出的因果關係。

當代視角下的古典力學限制

值得注意的是，即便在當代物理學中，古典力學亦早被證明為一種局部性理論。量子力學與相對論指出，粒子間的相互

作用非全然為外力驅動,其存在機率性、非定域性與時空彎曲等非古典現象。這也部分印證黑格爾的觀點:自然不僅是靜態物體的組合,更是一種動態邏輯的展現。

此外,在生態系統、生物學、神經科學與複雜性研究中,強調系統內部各要素之間的互動、協調與自組織特性,正好回應了黑格爾對自然整體性與發展性的關注。

結語:超越機械自然的哲學契機

古典力學提供人類對自然世界的認識奠基,也開啟了科技應用的壯闊進程,但它作為一種自然觀,其邏輯局限逐漸暴露。黑格爾的辯證自然哲學正是在這些局限中尋求超越的契機。他不否定力學模型的工具價值,而是呼籲我們正視自然的整體結構、理念意義與內在運動邏輯,從而為自然哲學與當代自然科學之對話開啟一條新的路徑。

2. 康德自然觀的先驗條件與黑格爾的超越

康德的自然哲學架構與啟蒙理性的延續

康德在其批判哲學中對自然觀所做的改革,為近代自然哲學提供了嶄新的形上學基礎。他不再將自然視為絕對存在的外

2. 康德自然觀的先驗條件與黑格爾的超越

部對象,而是強調認知主體的先驗條件如何使自然作為現象成為可能。在《純粹理性批判》中,康德指出,人類理性在經驗之前即已具備空間、時間與範疇等形式架構,這些先驗形式使得自然作為一套可認識的系統得以成立。因此,在康德眼中,自然法則不是來自事物本身,而是來自主體認知的普遍與必然結構。

這樣的轉變雖源自對牛頓機械論自然觀的肯定與深化,卻也試圖對其所依賴的經驗主義與形上學先驗預設進行重構。康德並不否定自然的規律性,但他將其根基轉向人類理性的組織能力,認為自然之為「秩序整體」,乃是認知主體所設定的世界圖式。這種以「主體—自然」之間的建構性關係為核心的自然觀,揭示著一種現代主體性的哲學形式,也是啟蒙理性在自然領域的延續與轉化。

黑格爾的介入:從批判到辯證的轉向

黑格爾對康德自然觀的回應並非簡單批評,而是透過其辯證法進行深層結構性的超越。他認為康德對自然現象可知性的保障固然具有價值,但將自然永遠隔絕於「物自體」之外,實則形成了理念發展的斷裂,使自然淪為無法達成的知識對象。黑格爾在《自然哲學》中主張,自然並非僅是現象的表象集合,而是理念在外在形式中的具體顯現。自然不應是不可通達的他

第二章　機械論自然的辯證批判

者,而是理念透過自我外化、他化與再統合過程的邏輯階段。

因此,在黑格爾體系中,自然不再是主體認知形式的被動產物,而是理念自身發展的必要階段。從邏輯學邁入自然哲學,即代表理念從自我閉合的概念階段,過渡到其與外在現實世界的辯證交互。這種辯證理解突顯自然作為一種「不合的統一」,即在外在性與內在性、偶然性與必然性之間運作的結構總體。

康德目的論的限制與黑格爾的展開

康德在《判斷力批判》中針對有機體結構所展開的目的論自然觀,被視為其自然哲學的高峰。他承認在生物現象中存在機械因果無法充分說明的相互目的性關係,諸如器官間的功能協作與繁殖機能的自我維持等。為此,康德引入「作為目的的自然」概念,試圖將這些現象作為反思性判斷的對象來理解,但他同時也將目的性排除於自然的客觀本質之外,認為這不過是理性的調和策略,無法證成其實在性。

黑格爾對此提出挑戰。他認為,將自然中的目的性理解為純粹主觀設計,不僅限制了自然的自我展現能力,也忽略了理念內在運動在自然中的具體表現。對黑格爾而言,有機體的結構不僅是功能性組合,更是一種理念自我整體性在具體存在中的反映。從植物到動物的層級推演,顯示出自然並非機械拼裝,而是具有方向性與內在統一原則的發展體系,這正是目的性作為理念展現的實質證明。

2. 康德自然觀的先驗條件與黑格爾的超越

理性形式與自然規律：超越先驗主義的邏輯化自然

康德的先驗主義雖揭示了自然認知的主體結構，但在黑格爾看來仍然過於形式化。對黑格爾而言，真正的自然法則並非主體施加於經驗之上的形式，而是理念本身在自然中透過否定性運動展開的具體規則。也就是說，因果律、時空結構與數量關係這些自然形式，並不只是認知前設，而是理念在現實中發展過程中的必然表現。

在這種理解中，自然不再是純粹被動的知識對象，而是具有其自身生成邏輯的辯證體。自然法則不僅是為了方便科學描述的工具，更是理念進程的一種客觀表達。因此，黑格爾對康德的批判並非否定其形式理論，而是深化並拓展之，使其脫離抽象主體論，進入具體邏輯結構的辯證運動。

當代回聲：自然觀的辯證重構

康德與黑格爾關於自然本質的論爭，迄今在當代自然哲學與科學哲學中仍具有重要啟示。對自然進行理解不僅需描述性與預測性工具，也需整體性與生成性視角。環境哲學與生態倫理學中的「內在價值論」觀點，即與黑格爾自然觀產生對話關係：自然不僅是人類經驗的投射場所，更是自身具有理念內涵與目的結構的存有體。

同樣，在理論生物學、系統科學、甚至人工智能的研究中，

對自然的組織性與自組織現象的探索，也表明黑格爾對自然內在結構的強調具高度現代性。黑格爾透過理念與自然的辯證結合，為我們提供一種在分裂與整合之間理解自然的思維形式，亦即：自然之所以是自然，正因其總是在理念運動中顯現其自身的不穩定與秩序、偶然與必然的統合邏輯。

結語：理念與自然的哲學整合

黑格爾對康德自然觀的超越不在於否定其先驗哲學貢獻，而在於將理念與自然的關係從主體－客體對立，轉化為邏輯－存在的辯證統一。他主張，自然不是理念的遺失場所，而是理念透過否定性與外在化展現自身的舞臺。這種理解不僅回應了康德自然觀的局限，也為後世建立自然與理性關係的新途徑提供了理論藍圖。

3. 自然的內在關聯性：黑格爾對牛頓主義的批判

牛頓自然觀的基本假設與哲學預設

牛頓的自然觀在十七至十八世紀產生深遠影響，其力學模型與萬有引力定律為自然科學建立了前所未有的數學基礎。他

3. 自然的內在關聯性：黑格爾對牛頓主義的批判

的世界觀建構在一種空間絕對、時間均質、物質實體可分的機械框架之上。這種觀點認為，自然界由離散物體構成，這些物體彼此間無內在關聯，只因外力而運動或互動。

牛頓自然觀的核心在於「萬有引力」概念的抽象性與普遍性，即任何兩物體之間存在某種無形的吸引力，與質量成正比，與距離平方成反比。這種自然力的設定固然能夠精確地預測天體運行與地面物體行為，但其所依賴的是一種「無接觸因果」的形上學構圖。牛頓不關心力的來源，只在意其數學化後的效果與適用性。

黑格爾對牛頓自然觀的初步肯定與質疑

黑格爾並不否認牛頓力學的技術成就與數學美感。他在《自然哲學》中甚至承認，牛頓體系能為自然現象建立一致的描述，並在工程與科技領域發揮了關鍵功能。然而，黑格爾批評這種自然觀所建立的世界圖像過於外在與抽象，缺乏對自然內在結構、生成邏輯與整體關聯性的認知。

黑格爾指出，牛頓自然觀的邏輯問題在於其將自然理解為靜態物體的總和，每一物體的存在與運動皆可單獨加以處理。這種方式雖便於數學計算，但卻將自然中最根本的辯證結構壓抑掉。自然不是靜態的存在，而是理念在其否定過程中進入時空的結果，是運動、矛盾與生成的總體。

第二章　機械論自然的辯證批判

機械性與實體論的分裂問題

牛頓主義的自然觀預設了物質的可分性與本體性，亦即世界由不可再分析的實體構成，而這些實體彼此間透過力的作用產生變化。黑格爾對此提出強烈質疑：若自然現象只是力量的作用結果，那麼這些力量本身從何而來？若物體間無內在關係，何以能透過引力等規則建立普遍聯繫？

在黑格爾的辯證視角下，物質與運動、部分與整體、內在性與外在性都不能被絕對區分。自然的任何一個存在形式都不是孤立的，而是透過與其他形式的關聯中才構成其自身。他認為牛頓自然觀僅強調物體間的力學關聯，卻未意識到這些關聯本身也是理念的一種展現。

數學自然觀的抽象性困境

黑格爾對牛頓自然觀最核心的批判集中在其數學化特性。牛頓式自然科學往往假設自然現象可用數學函數、定律與常數完全描述，但是黑格爾認為這樣的處理忽略了自然的多樣性與歷史性。自然中的變化不僅是量的變化，也包括質的生成與形式的突變。

數學模型雖能揭示某些自然規律，但無法捕捉其背後的理念動力。例如天體運動可用公式計算，但行星系統為何能在長時段內維持穩定，這種整體性與目的性現象，並非數學能完全

3. 自然的內在關聯性：黑格爾對牛頓主義的批判

說明的。黑格爾在此強調理念對自然運動的內在貫穿，批評牛頓自然觀將自然簡化為靜態資料與離散力量的運算場。

黏合、秩序與整體性的辯證理解

黑格爾進一步指出，自然不是一組被動接受外力的碎片，而是一個具有邏輯結構與自我整合能力的系統。他將自然視為理念外化的過程，在此過程中，個別存在雖呈現出對立與斷裂，但這種對立本身也推動整體結構的生成與演化。

舉例來說，有機體不是機械聯結的集合，而是每一部分都與整體形成互構關係的系統。牛頓自然觀下的「力」概念無法解釋這種互構結構的來源與維持方式，而黑格爾的辯證法則可指出：內在矛盾正是系統自我統一的動力來源。這樣的觀點也使黑格爾的自然哲學能夠處理自然中非線性、動態與多層次的複雜現象。

當代自然科學與黑格爾批判的呼應

有趣的是，黑格爾對牛頓主義的批判在當代表現出高度的前瞻性。二十世紀初，愛因斯坦的相對論與海森堡的量子力學即對牛頓的絕對時空觀與確定性邏輯提出根本修正。自然不再是機械可預測的穩定體系，而是一個充滿概率、張力與多樣可能性的辯證場域。

同樣，系統論、生態學、演化理論等也都在呼應黑格爾的觀點，即自然現象的形成與發展不能僅從微觀元素與外力作用出發，更需理解其系統整體性與歷史生成邏輯。自然不僅是分析對象，更是生成過程，是理念在現實中的實踐展演場。

結語：從力學自然到辯證自然的轉變

黑格爾對牛頓主義自然觀的批判，並不是否定其科學地位，而是試圖揭示其哲學限制。他認為自然的本質無法被還原為抽象定律與數學模型，而應透過理念的邏輯展開理解其生成性、整體性與內在關聯。這種從機械自然轉向辯證自然的思維，不僅刷新自然哲學的視野，也為當代多領域的跨學科整合提供了思維基礎。

4. 機械性與生命性的界線問題

機械論與有機論的歷史對立

黑格爾所處的哲學與科學時代，正是機械論自然觀高度發展並試圖全面支配自然解釋的時期。從笛卡兒以降，機械論主張所有自然現象皆可還原為運動中的粒子與力的互動，其解釋方式基於數學模型與因果律邏輯。相較之下，有機論則主張自

然中存在某種自我生成、自我調節的整體性秩序,是不可還原為個別零件機械拼裝的存在。這種對立在生物學領域表現得尤為明顯:生命現象究竟是高度複雜的機械裝置,抑或具有不可簡化的整體性?

黑格爾正是在這樣的思想張力中提出其自然哲學觀點。他並不簡單否定機械性對自然理解的價值,而是強調必須辨明機械性與生命性的界線,理解兩者的辯證轉換邏輯。

機械性作為理念外化的第一階段

在黑格爾自然哲學的系統中,機械性不被視為自然的全部本質,而是理念在自然中實現的最初外化階段。在這一層級,自然展現為單純的運動與力的互動,即所謂機械自然(mechanische Natur)。這一階段的存在,是理念向外現化的首要結果,其特徵為外在性、無差別性與僅由外因所構成的聯結方式。

在這種理解中,機械性並非錯誤的自然觀,而是一種尚未自我深化的理念表現形式。黑格爾並未全然否定力學自然觀對某些現象的解釋能力,但他指出此一階段的邏輯困境在於,它無法說明自然現象中內在目的性、自我生成與整體結構的展現,這些僅依賴外力作用的解釋最終會遭遇邏輯瓶頸。

第二章　機械論自然的辯證批判

從機械性到物理性：自然運動的深化

黑格爾在《自然哲學》中指出，理念在自然中的外化，不僅表現在粒子之間的機械關係，還表現為質的互動、變化與轉化。這些現象超越了單純的位移與撞擊，顯示出自然內部的能量結構與轉變能力。這正是從「機械自然」向「物理自然」過渡的關鍵。

在這個層次上，黑格爾強調自然現象中隱含的「內在關聯性」，例如熱與冷的互變、氣體與液體之間的相變、光的折射與反射等，都無法僅靠牛頓力學的定律解釋，而須仰賴理念對「對立統一」與「否定性運動」的理解。這也為生命性的出現奠定邏輯基礎。

生命性作為自然的有機統一

當自然進一步發展為有機體時，黑格爾認為理念已邁入「有機自然」的階段。此時，自然不再是外力驅動的機械總和，而是表現出自我生成、自我維持與自我調整的能力。這種能力不僅是功能的集中，而是一種整體性原理的展現。

生命體之所以與機械物不同，正在於其結構不是加總而成，而是部分與整體互為條件的整體性系統。黑格爾指出，機械性聯結中，部分之間沒有本質關係，而在有機體中，任何一部分的存在都依賴整體，同時也為整體提供功能基礎。這種相互中介與互生結構，正是理念在自然中進入更高層次的自我實現。

機械論生命觀的哲學問題

從現代科學角度出發,尤其在分子生物學與神經科學的影響下,將生命視為一套高度複雜的機械系統的觀點曾占據主流地位。這一觀點強調基因編碼、酵素反應、神經傳導等微觀結構的機械性邏輯。

然而黑格爾認為,這種解釋只描述了生命現象的某一層面,而忽略了整體結構與意義生發的問題。他強調,若只用分子機械來說明生命,就會忽略「生命作為理念運動的一種表現」這一關鍵事實。生命的意義不僅在其組成,而在於它是理念在自然中邁向自我認知與精神化的必經階段。

辯證法下的自然層級進展

黑格爾的辯證法不是將自然劃分為互不相干的層級,而是強調各層級之間的發展關係與邏輯連貫性。機械性是生命性展現的前提條件,而非被排除的對象。在辯證邏輯中,低階形式包含其自我否定的可能性,正是透過這樣的否定性運動,自然才可能從單純機械關係中產生有機整體。

因此,從機械性走向生命性,不是一種排除與替代,而是理念在外化後,透過自身內部張力完成新的整體構成。這也是黑格爾自然哲學與牛頓主義最大不同之處:前者將自然視為生成結構,後者將自然看作靜態物件的集合。

第二章　機械論自然的辯證批判

當代表述與黑格爾觀點的契合

現代生命科學在某些方面與黑格爾對生命整體性的強調相呼應。例如，系統生物學（Systems Biology）強調生物體作為一個整體系統，其功能和行為無法僅透過單一基因或蛋白質的分析來完全解釋。演化發育生物學（Evo-Devo）則指出，演化的關鍵不僅在於基因突變，更在於整體發育程序的模式改變。這些科學發展在方法論上與黑格爾對有機體整體性、自我維持和內在目的性的強調存在相似之處，儘管它們並非直接受到黑格爾哲學的影響。

同樣，人工智慧與仿生學的快速發展也再次挑戰「生命是否等於機械」的問題。當人造系統逐漸模擬生命行為與結構，我們也必須面對生命與機械之界線究竟是否堅實。黑格爾的自然哲學提醒我們，在探討生命本質時，不能停留在組件的功能分析，而應理解其作為理念實現的層級發展。

結語：生命性為自然邁向理念的轉化環節

機械性與生命性並非互斥的兩極，而是理念在自然中發展的連續層級。黑格爾以其辯證法揭示：生命不是對機械的否定，而是對其內在邏輯的深化與統整。生命體作為自我維持、自我目的的整體，是自然中理念開始向精神過渡的代表。在這一觀

點下,生命不只是存在,更是自然向理念返歸的邏輯環節,提供我們重新思考生物現象與自然哲學關係的深層基礎。

5. 整體與部分:機械聯繫的邏輯缺陷

機械聯繫的原理與其哲學前設

機械論自然觀自十七世紀以來主導西方對自然的理解,它的核心假設在於,自然界由個別實體構成,這些實體彼此之間透過外力聯繫,而其總體行為可由單元行為的加總來說明。這種思維的代表,是牛頓力學與笛卡兒機械論宇宙觀,其邏輯前提乃是部分優先於整體、局部現象可解釋整體秩序。

黑格爾在《自然哲學》中對此提出深刻質疑。他指出,若僅以機械方式理解自然,即將自然視為一部組裝完成的機器,那麼自然中所表現出的內在秩序、自我調節與發展能力將無法得到合理解釋。黑格爾認為,這種以「部分組合為整體」的邏輯,忽略了自然中實際運作的結構關係。

分析與還原的局限性

機械論的分析方法具有高度有效性,特別是在控制與預測自然現象方面。然而,黑格爾認為其根本弱點在於過度依賴

第二章　機械論自然的辯證批判

還原思維,即相信複雜整體可以透過分解與局部研究來完全理解。這種方法在處理單一變項影響下的現象（如天體運動或單一化學反應）時或許有效,但一旦進入多變量、層次多重、系統相互依賴的自然實體（如生態系統、有機體等）,這種還原方式便顯得力不從心。

黑格爾指出,若自然僅為部分集合,那麼這些部分就應當在分離時仍具有其完整意義與功能；然而,實際觀察告訴我們,從整體脫離的部分往往失去原本功能。植物的葉子、一段脊椎、或動物的神經系統,都在離開整體時失去其本質功能,這顯示整體並非外加於部分,而是內在於部分之中運作。

黑格爾的整體性觀點：
由部分生成整體,還是整體規定部分？

黑格爾在辯證邏輯中主張「整體規定部分」,即部分的存在與意義必須由整體的邏輯與功能來界定。他拒絕牛頓式的機械聯繫所採取的「從部分推導整體」邏輯,指出真正的自然運作往往是整體結構先行,而部分的發展與功能則是整體所賦予的。這樣的觀點強調關聯性與結構優位,具有高度的有機統整特質。

舉例而言,黑格爾認為,心臟不是單純輸出血液的幫浦,而是整體生命機能中與呼吸、神經、消化等系統相互中介的

5. 整體與部分：機械聯繫的邏輯缺陷

節點。若僅將其看作輸送器官，就無法理解它在整體生命中的生成性角色與反饋機制。這正是他所稱「目的性結構」(zweckmäßige Organisation) 中整體主導部分的典型例子。

邏輯缺陷與觀念困境：機械聯繫的破綻

黑格爾批判機械論的另一重點，是它將自然的秩序建構歸因於偶然的部分排列。他認為，若整體只是不具邏輯整合的部分堆疊，那麼任何秩序都只是統計機率或偶然結果。然而，自然中展現出的穩定結構、遞進發展與自我維持特徵，皆表明其背後有更深層的邏輯動因，而非僅靠「聯繫」可說明。

在邏輯上，這涉及到「關係」與「本質」的區別。黑格爾指出，機械聯繫所表現的僅是外在關係，缺乏本質統一。也就是說，部分間的連結未必構成整體本質，而整體本質也未必可由部分的性質推出。這種關係的外在性使得機械自然觀無法自足地生成出高層次的自然形態。

當代系統理論與整體性的復興

黑格爾對整體性與部分關係的理解，與當代系統理論、複雜性科學之發展不謀而合。諸如貝塔朗菲的系統論 (General Systems Theory) 與普里高津的耗散結構理論，皆強調整體系統的生成邏輯無法還原為單一因果關係。整體具有「出現性質」

（emergent properties），即僅在系統層次才出現，個別元素中無法觀察。

在生態學、演化論、生物系統學中，整體性已被視為研究焦點，而非干擾因素。這些科學進展證實黑格爾的預見性：自然中之所以具秩序，不是來自部分之簡單連結，而是來自理念邏輯所形構的整體發展架構。這也證明黑格爾自然哲學對當代自然科學尚具有深刻啟示。

結語：理念貫穿自然整體的哲學觀點

黑格爾透過對機械聯繫邏輯的批判，指出唯有將整體視為理念實現的主體，才能理解自然現象中所展現的秩序與生成邏輯。他反對還原論對自然複雜性的過度簡化，主張自然是一個有機整體，部分不只是組件，更是整體理念的現實化節點。這種觀點讓我們在理解自然時，不僅問「如何運作」，更要問「何以存在」，將自然的物理性與理念性統整於一。

6. 自然科學的抽象性與實際性之對立

自然科學的知識結構與抽象原則

自然科學自十七世紀科學革命以來，奠基於數學化的建構邏輯與經驗實證的方法論。其基本策略是透過抽象化簡化自然

6. 自然科學的抽象性與實際性之對立

現象,將多變、具體與歷史性的事物轉化為穩定的公式、定律與模型。這種方法論的成功,促使自然科學得以精準描述天體運行、物質性質、生物行為等複雜現象,並成為技術發展的核心推動力。

然而,黑格爾認為這種以抽象為基礎的自然知識模式,雖在實用上具有高度價值,卻也帶來哲學上的本質性問題。特別是在《自然哲學》中,黑格爾強調,科學所依賴的抽象,往往是將自然的動態性、生成性與整體性遮蔽的過程。抽象在這裡並非單純的思維簡化,而是將自然中本有的辯證運動壓縮為靜態符號與變數的操作。

抽象化的邏輯困境與自然之扁平化

黑格爾對自然科學抽象性的批判,並不建立在對其事實性的否定,而是在於其邏輯基礎與思維的限制。科學在面對現象時,通常將其還原為若干可計量的要素。例如,熱被還原為能量轉移、生命被化約為分子運作、行為被模型化為統計趨勢。這種做法雖有助於觀察與預測,但同時也造成一種「扁平化」的自然觀,即自然成為數據輸出與公式操作的對象,而非理念內在生成的舞臺。

黑格爾指出,這種知識建構模式忽略了自然內部的否定性與發展性,將自然視為既定實體的組合而非發展進程。抽象化的結果,常將自然拆解為靜止的邏輯點,而非流動的過程連結。

自然因此喪失其理念性結構，被誤認為完全可由人類思維框架完全掌控的對象。

實際性與理念性：辯證理解自然的基礎

與抽象性相對，黑格爾提出「實際性」（Wirklichkeit）的概念，強調自然存在不只是可以思維的形式總合，而是理念在具體歷程中實現自身的運動結構。實際性不等於可觀察性，也不同於經驗性，而是一種理念的現實展開，是邏輯結構與現象運作交錯所構成的生成狀態。

在黑格爾看來，科學的抽象性若脫離理念性根基，將無法指導我們對自然整體性的理解。這也是他與康德的重要分歧：康德將自然法則視為主體先驗範疇的構成，而黑格爾則認為，法則是理念自我展開的具體表現，是存在本身的邏輯節奏。科學之所以可能，並非因為主體設定，而是理念的辯證展開必然走向可被理性理解的形式。

當代自然科學的哲學轉向

當代自然科學在量子力學、系統生物學、氣候模擬、人工智慧等領域的發展，逐漸暴露抽象模型在描述自然複雜性時的不足。例如，量子物理中粒子狀態的機率性挑戰傳統確定性模型；生態學中物種交互依賴性無法用單一因素解釋；演化論中

6. 自然科學的抽象性與實際性之對立

新興的發育生物學指出，形態演化的脈絡並非基因驅動的線性歷程，而是由整體發育過程的架構所規定。

這些發展說明，單純依靠抽象化與還原論的自然觀，難以涵蓋自然之複雜性、歷史性與自組織特性。也顯示黑格爾對自然之理念結構與實際性運動的強調，仍為當代表述提供重要啟示。

抽象知識的技術效力與倫理風險

黑格爾同時指出，抽象化自然知識的技術效力，也帶來倫理與存在層次的風險。當自然被視為純粹可操作與可計算之物，其作為理念實現場域的尊嚴便遭削弱。人類可能因此陷入對自然的操控與剝削，而忘記自身也處於自然辯證進程之中。

以環境危機為例，若我們僅以碳排放量、資源再生率等數值作為自然價值的全部衡量方式，則會忽略自然作為理念運動過程的複雜本質，忽略其「自為存在」的內在意義。黑格爾透過對抽象性與實際性的區分，提醒我們不能將自然化約為生產資源，而應尊重其理念性與自我生成性。

結語：由抽象認識走向理念自然的哲學整合

黑格爾對自然科學抽象性與實際性的對立分析，並非否定科學，而是補足其不足。他指出，唯有將自然視為理念自我實現的現場，才能克服還原主義所造成的片段理解，重建自然作

為一種總體存在的形上學尊嚴。這樣的哲學視野有助於我們重新思考自然知識、倫理實踐與人類自我理解之間的根本關係。

7. 黑格爾機械論自然觀的辯證轉化

機械論自然觀作為理念外化的起點

在黑格爾的自然哲學體系中，機械論自然觀並非被全盤否定的錯誤路徑，而是理念在進入自然界所必經的初級階段。對他而言，理念作為純粹邏輯運動之實體，在邁向其具體化過程時，首要的展現便是「機械自然」——一種以空間布局、時間連續與因果律所構成的外在性世界。此階段的自然呈現出絕對他在性（Anderssein），即理念尚未回返自身、仍停留於外在聯繫的狀態。

黑格爾強調，這一階段的自然形式乃是最低層級的現實性，特徵為部分之間僅由外力結合、系統缺乏內在目的性與整體關聯。這與牛頓物理學、笛卡兒機械論乃至於現代工程學所採用的結構類似，強調系統的可拆解性與精確可計量性。然而黑格爾進一步指出，這種機械性雖然有效於特定領域，卻無法捕捉自然本身作為「理念生成場域」的深層結構。

7. 黑格爾機械論自然觀的辯證轉化

自然作為辯證進程：從外在聯繫到內在統一

理念並不止步於其初始外化形式。在黑格爾的觀點中，自然必須經過一系列否定性運動，從純粹外在的機械性走向更高層級的有機性與精神性。這一轉化並非線性遞增，而是由內部矛盾所驅動的辯證過程。當機械聯繫無法解釋自然中自我調節、自我維持與內部生成的現象時，理念便展開對其自身的否定與超越。

這種否定不是單純的拒絕，而是對初級形式的揚棄（Aufhebung），亦即在保留其合理要素的同時超越其限制。黑格爾以此為理論基礎，從自然的機械性運動出發，展現理念如何逐步實現更高層次的結構整合與功能統一。例如，從單純粒子互動到能量轉化、從分子機構到有機體結構，即是一種理念自我深化的具體演進。

黑格爾對機械論的重構：非還原論的整體思維

黑格爾並不否認機械聯繫的必要性，而是反對將其視為自然的終極真理。在其辯證自然觀中，機械性是理念邁向實際性的階段性必經站。其貢獻在於提供穩定的結構基礎，使理念有可能從無機的外在組合，邁向內在目的的發展系統。

這樣的重構具有深刻的反還原論意涵。黑格爾主張，自然界不僅是部分與部分之間的集合關係，更是整體主導部分、內在

結構決定功能的整體系統。在這樣的理解下，單一的力學因果或線性關聯無法說明自然中的演化現象與系統性秩序。因此，機械性自然觀應當服膺於更高層級的有機與理念秩序中，作為整體邏輯中的一個結構環節，而非絕對原則。

自然中理念的實現與現代意涵

黑格爾強調，真正自然的意義不在其機械性，而在其作為理念實現的過程。這使自然具有時間性、歷史性與自我發展性，也意味著自然不應被看作靜態模型或數據場，而是一個邏輯運動的系統。現代自然科學越來越接近這種理解：從物理學中的場論（Field Theory）、系統生物學中的模組整合、氣候科學中的動態建模，再到人工智慧中的複雜系統模擬，都顯示自然不僅是穩態，更是變化、有序與自組織的總體。

這些發展重新呼應黑格爾所主張的自然辯證性，即機械性只是理念邁向自我認識的開端。在自然向精神過渡的辯證鏈條中，機械論的思維雖非最終真理，但正是在其限制之中，我們才得以啟動理念更高層級的展現。

結語：由機械性走向理念統整的辯證路徑

黑格爾對機械論自然觀的辯證轉化，不只是批判，更是一種系統重構。他透過辯證法指出：自然不是由外力拼湊的機械

7. 黑格爾機械論自然觀的辯證轉化

場域,而是理念透過否定與發展,在現實中實現其結構與目的的總體。這樣的觀點不僅修正了牛頓式自然觀的還原傾向,也為自然科學的理論建構與哲學思考提供一種整合路徑,使我們得以在自然中重新認識理念的深層脈動。

第二章　機械論自然的辯證批判

第三章
物理學與自然的結構辯證

第三章 物理學與自然的結構辯證

1. 重量與物體：物理性質的哲學前提

重量作為自然現象與哲學問題

在日常經驗中,「重量」看似是一項直觀而穩定的物理量,科學上常被定義為物體所受引力的大小。然而在黑格爾的自然哲學架構中,重量不單是量測的對象,更是自然中理念展現的一個層級節點。這個概念不僅具有數理意義,更攸關存在論與邏輯結構的生成。黑格爾認為,重量不僅僅是外在於物體的附加屬性,而是物體質量(Masse)在重力場中的表現,反映了物體的某種內在特性。這是理念在空間與力學條件下外顯的具體化形式之一。

從哲學的角度來看,重量是一種揭示自然邏輯的中介現象,它將個體物體與整體自然聯繫起來,形成自然秩序中普遍性與個體性的具體交會點。這不僅挑戰了將重量視為單純力的乘積的看法,也迫使我們重新思考重量在物理世界中的地位及其與理念展開之間的關聯。

質量與引力：邏輯構造中的普遍性與關聯性

黑格爾對重量的理解並非建立在牛頓式的單一因果結構上,而是在辯證邏輯的框架中思考質量與引力這兩個概念之內在關聯。他指出,質量雖可被視為物體內在規定,但這項規定在自

1. 重量與物體：物理性質的哲學前提

然中之所以能具有效力，乃因其與其他物體間存在關聯性。而這種關聯性正是透過「重量」顯現出來的。

重量因此不僅是物體與地球之間的引力關係，更是自然中各個實體因其普遍連動而具備之實際效應。在這裡，我們可以看到黑格爾強調的理念辯證運動：質作為內在的本質性結構，在進入自然時透過「量」與「關係」的外顯而表現為重量。因此，重量的概念本身內含著一個從本質邁向現象、從內在走向外在的辯證運動邏輯。

重量與自然運動的整體性基礎

自然界的運動從來不是孤立的單體行為，而是多重實體在一整體結構中的交互作用。黑格爾指出，重量在此過程中扮演的是「結構壓力的指示器」角色，亦即一個物體的重量同時反映其在自然整體中的位置與其所接受、施加的邏輯壓力。這種理解不僅涉及物體自身的存在，也關乎物體與環境間的持續動態平衡。

例如，岩石之所以具有「重感」，不只是因為其質量大或地心引力強，而是在自然整體系統中，其占有的空間與結構對其他物體形成了壓力與反作用。這種對應關係無法單靠物理方程式加以描述，而需理解自然整體的關聯邏輯。因此，重量成為自然邏輯壓力網絡中的節點，是物體與世界之間不斷發生的中介事件。

第三章　物理學與自然的結構辯證

相對論與重力場：黑格爾自然觀的現代回聲

二十世紀初，愛因斯坦的相對論徹底改變了重量的物理詮釋。在廣義相對論中，重量不再只是外力作用，而是物體對時空結構的彎曲造成的結果。這與黑格爾所說的「重量作為理念顯現的自然節點」不謀而合：兩者皆將重量視為一種關係性的產物，而非孤立屬性。

愛因斯坦指出，引力不是在物體之間發生，而是因質量使得時空彎曲，其他物體沿著這種幾何變化移動。這樣的觀點間接呼應黑格爾所強調的：自然現象本質上是理念在結構中具體化的表現。這也說明為何黑格爾的自然哲學並非過時的形上學，而是可以為現代理論提供深層哲學基礎的辯證視野。

重量與自然倫理的哲學延伸

在黑格爾的邏輯架構下，每個自然現象皆為理念所開展的某一節點，這包括重量。若我們承認重量是理念的現實顯現之一，那麼自然界的每一物體、每一存在其實都參與於整體結構的生成，皆具有其理念價值。這種理解不僅提供了物理學的本體論根據，也開啟了自然倫理的深層基礎。

現代環境倫理學者如漢斯‧約納斯（Hans Jonas）也強調，唯有認知到自然事物具備內在價值，我們才能跳脫將自然視為資源的工具性態度。而黑格爾的「重量論」也提供類似方向：當

物體的重量被視為理念在自然界實現的方式，我們也就無法再將其簡化為可操控的數據與資源，而必須賦予其倫理上的地位。

結語：從測量到結構 —— 重量作為哲學問題的轉化

黑格爾的自然哲學透過對「重量」這一常見自然現象的哲學重構，為我們提供了一個由抽象測量邏輯邁向自然整體結構理解的過程。他指出，重量不是單純的物理量，而是理念與自然、個體與整體、邏輯與實在之間辯證結構的一部分。唯有從理念角度出發，理解重量之為現實中理念的顯現，我們才能真正掌握自然不只是事物總和，而是內在秩序與邏輯運動的總體。

這種思維不僅為物理學的哲學基礎提供更新方向，也為當代自然觀、技術批判與倫理思想開啟了新的辯證路徑。

2. 光與聲：黑格爾自然哲學中的感官現象

感官現象的理念定位：從物理到哲學的橋梁

在黑格爾的自然哲學體系中，光與聲並非單純被理解為外在刺激或物理事件，而是理念於自然界中顯現其結構性與運動性的獨特層面。這兩種現象具備「感知媒介」與「邏輯象徵」的雙重特性，是理念由抽象邏輯向具體現象邁進時的重要節點。

第三章　物理學與自然的結構辯證

對黑格爾而言，感官經驗並不是次等的感性直觀，而是理念實現過程中不可或缺的一部分。尤其光與聲，皆涉及空間性與時間性的辯證統合 —— 光呈現自然界的空間開顯性，而聲則揭示時間中的秩序節律。兩者的結合，為自然提供了可被意識所參與及理解的通路，也因此成為理念與精神之間的橋梁。

光：理念的空間外顯

黑格爾在《自然哲學》中指出，光是理念在空間中呈現自身的最純粹方式。它無形、無質、遍在且不被拘束，正好體現出理念的無限性與普遍性。光非僅是物理上的電磁波，而是在辯證邏輯中承載「顯現」、「可視」與「空間開展」的意涵。

透過光的存在，自然世界得以被知覺、被區分、被結構。黑格爾認為，正因光存在，自然物才不再只是封閉於自身的物體，而是與其他存在互相顯露，進入共現的空間場域。因此，光具有「邏輯的開顯性」：它不創造事物，但創造了事物得以互見與被知的條件。

聲：理念的時間運動

相對於光之空間顯現，聲則展現了理念在時間結構中的外顯形式。聲音需透過媒介傳播，具有節律性、起伏性與動態性，這些特質正是時間的顯著表徵。黑格爾指出，聲音是理念在自

2. 光與聲：黑格爾自然哲學中的感官現象

然中第一個顯現出「內部差異運動」的現象，亦即其本身即包含變化、過渡與回應結構。

聲之為感知，強調的是關係性與互動性。當一聲響起，我們的注意力被吸引到它的來源、強度與節奏，這不僅是生理感應，更是理念於感性中導引意識邁向理解的方式。聲音之所以能觸動人心，正是因其結構符合辯證運動的邏輯模式：從靜止中出現、於衝突中轉化、在結束時完成。

感官與理念的辯證統一：超越還原論的觀點

在現代自然科學中，光與聲常被還原為波動或粒子運動的物理現象。但黑格爾強調，這種還原忽略了其作為感知基礎與理念通路的深層角色。他主張，唯有在理念的框架中，感官現象才能被理解為「具有精神前提的自然顯現」，而不只是外在作用的結果。

這種看法在現象學與感知哲學中亦有其現代表現。例如，莫里斯・梅洛—龐蒂（Maurice Merleau-Ponty）指出，感知本身即是意識結構的生成場，光與聲不是「指向物」的中性媒介，而是構成我們對世界理解的核心要素。黑格爾的觀點可視為此一思潮的前驅：他不以機械自然還原感官，而是賦予感官一種「邏輯角色」。

第三章　物理學與自然的結構辯證

光與聲在自然辯證進程中的地位

在黑格爾自然哲學中，自然的發展乃從無機到有機、從機械到生命，最終走向精神的生成。光與聲作為中階現象，正是從自然邏輯邁向精神世界的門檻。它們不僅使生物對外界開放，也構成「理解可能性」的條件。

例如，光使生物可見環境、辨別差異，是認知的第一前提；聲則允許訊息傳遞、情感表達與群體協調，是社會性與符號性的基礎。兩者皆屬於「理念為知所需之條件」的範疇，是邏輯與自然在感官層面的首次會合。

結語：感官作為理念的生成門檻

黑格爾對光與聲的哲學處理，揭示出自然現象不僅是物理事件的總合，而是理念在現實世界中邁向自我實現的動態過程。感官現象是這一過程中不可或缺的轉換節點——它們不僅是生理機制，也是邏輯與自然相遇之處。

因此，理解光與聲的哲學意涵，不只是重建自然現象的內在層級，更是在建立一種整合感知、理性與理念的辯證自然觀。這不僅為自然哲學奠定理論根基，也為理解自然如何邁向精神提供了關鍵線索。

3. 熱力與化學：變化作為自然運動的基礎

熱力與化學變化的哲學意涵：自然非靜態之物

在黑格爾的自然哲學體系中，變化不僅是自然界中的現象，更是理念實現的邏輯動力。熱力與化學現象，正是自然界中最能展現變化特質的兩個面向，也是自然由靜態機械狀態邁向動態有機整體的關鍵節點。黑格爾認為，若要理解自然作為理念外化的歷程，就必須將熱與化學作為研究焦點，因為它們揭示出自然內在的不穩定性、生成性與否定性運動，這些皆是辯證法的根本內容。

熱與化學的存在方式，與光與聲不同，它們不像感官現象那樣提供意識的感知媒介，而是構成自然運動的深層機制。在這兩個領域中，我們可以看到自然如何從內部結構出發，產生分解與再組合、釋放與吸收、轉化與秩序的辯證過程。

熱作為內部能動性的自然表現

在物理學中，熱被定義為能量在系統中的傳遞方式，常與分子運動的平均動能相關。然而黑格爾並不滿足於此一經驗性描述，而是將熱理解為自然內部矛盾的外在表現。熱不是物體的屬性，而是物體在內部結構不平衡、相互作用激烈時，理念透過能量形式所展現出的「否定性運動」。

第三章　物理學與自然的結構辯證

　　換言之，熱是一種否定穩定狀態的動力，是理念在自然界中推動結構變異的媒介。當熱出現於一物體時，它通常伴隨著狀態轉換，如冰融為水、水化為蒸氣，這些都不是單一數學計量所能說明，而是自然由低階結構向高階動態過渡的邏輯轉換。黑格爾由此指出：熱是自然由靜態走向活動、自足走向互構的邏輯閃現。

化學反應與物質結構的辯證重組

　　與熱的普遍作用相對，化學則是自然中更具結構性的轉變樣態。黑格爾強調，化學並非純粹科學家手中的實驗過程，而是自然自身在不斷重新組合、自我否定與生成中展現其理念本質的活動。每一次化學反應，皆顯示出部分與整體、同一與差異之間的張力。

　　舉例而言，兩種元素的結合通常伴隨釋放或吸收能量，反應後的產物具有與原始物不同的性質，這顯示出自然物質並非封閉系統，而是能夠在條件適當時否定原貌，並透過與他者之結合產生新本質的實體。黑格爾稱這為「質的否定性運動」：理念不是靜態地「是」，而是透過「否定」不斷地成為其他，進而完成自我深化。

3. 熱力與化學：變化作為自然運動的基礎

熱與化學的辯證互補：自然運動的雙重動力

在熱力與化學之間，黑格爾看到了自然運動的兩個面向：一為普遍而外在的能量流（熱），一為具體而內在的結構變異（化學）。這種二元性不是對立，而是辯證的互補。熱的蔓延需要物質的結構通道，而化學的變化往往又仰賴熱的參與來完成。

黑格爾指出，這正顯示出自然並非單一因果的總合，而是一種邏輯上互為條件的結構系統。當熱在自然中擴散，它不僅驅動粒子運動，也鬆動既有物質結構，使得化學變化得以發生。反之，當物質在化學反應中轉化，它也影響整體熱力平衡。因此，熱與化學如同自然中的雙重節奏：一個推動普遍波動，一個觸發具體組合。

現代理論中的黑格爾回響：熱力學第二定律與自組織

在當代物理與化學理論中，黑格爾的自然變化觀點仍具啟發性。熱力學第二定律指出，封閉系統的熵只會增加，意即自然總趨向混亂與不確定。然而若從黑格爾觀點出發，我們可看到這一趨向並非純然負面，而是自然在否定穩定、擾亂舊有秩序的同時，也開啟了新秩序的可能性。

這正是普里高津「耗散結構理論」所指的：在遠離平衡的熱動條件下，系統可自發產生有序結構，這是一種自然自組織能

力的證明。黑格爾早已指出，自然在混亂中尋求邏輯，在變動中生出秩序，這正是理念於物理現象中自我展現的具體證據。

結語：變化作為理念邁向精神的預演

對黑格爾而言，熱與化學之所以重要，不僅因其在自然運動中占據關鍵位置，更因它們作為理念從邏輯階段向具體實現階段轉化的預演。在熱與化學的辯證動力中，我們不僅看見自然之生成，也預見精神如何可能從自然中升起。

變化不只是世界的不穩定面向，而是理念內部矛盾邁向統一之旅的必要路徑。在這一理解下，熱與化學並非單純自然現象，而是黑格爾體系中自然向自我認知過渡的核心環節，是自由精神於自然界之首次鼓動。

4. 元素與化學結構的理念基礎

元素觀的邏輯前提：從質的規定到理念的外化

黑格爾在《自然哲學》中對「元素」一詞賦予深厚的形上學意涵，不單是現代化學所定義的化學元素，而是作為理念邁向自然之最基本的表現單元。元素的概念，在此並非固定不變的基礎粒子，而是構成自然結構的一種邏輯節點，是理念從抽象

4. 元素與化學結構的理念基礎

到具體、從邏輯到存在的過渡橋梁。

元素被黑格爾視為「理念的分裂性呈現」，亦即理念在自然中不再保持完整，而被拆解為彼此對立的質性組成。這些對立正是自然辯證結構的起點：火對水、酸對鹼、金屬對非金屬，皆為理念內部差異的實體化。透過這些元素對立，自然得以展現出從單純到複雜、從同一到差異的生成結構。

結構與聯繫：化學組合的理念顯現

黑格爾指出，單一元素本身難以展現理念的運動性與整體性，唯有當這些元素開始結合、產生反應，理念的邏輯結構才真正進入自然層級。化學結構，尤其是複雜分子的構成方式，是理念藉由差異與連結來建構有機整體的形式。

例如，水的生成（H_2O）就展示出兩種氫與一種氧透過比例與結構的統一，形成性質與原始元素皆不同的新物。黑格爾不將此看作單純的物理結合，而是理念經過自我否定與他者統一後所產生的質變結果。這不僅說明自然結構的成形方式，也說明理念如何從內部差異走向有機統合。

元素週期與自然法則的邏輯性

在十九世紀末期門得列夫提出元素週期表後，現代科學逐漸揭示元素之間的週期性與組合規律。從黑格爾觀點看來，這

不僅是化學知識的累積,更顯示理念在自然中留下了可被思辨的邏輯秩序。元素並非偶然散布,而是在內部結構上遵循某種數理與質性互動的邏輯排列。

這種週期性正是理念統整自然差異性的一種展現。黑格爾強調,自然並非無序之集合,而是理念透過差異對立的具體生成,每一個元素皆非孤立,而是在整體系統中擔任邏輯節點。因此,理解元素週期,不只是化學分類,更是理念如何將整體性帶入自然細節的過程。

分子結構與自然秩序的具體化

從現代科學進展可見,分子結構決定物質性質,這與黑格爾所言「結構即理念顯現」高度一致。一種分子的性質,並非其元素的線性加總,而是其結構組成與排列方式的整體性效果,這正符合辯證法所強調的「整體決定部分」。

例如,碳可組成鑽石、石墨與碳纖維,三者雖由同一元素構成,性質卻因結構而徹底不同。這說明結構並非中性背景,而是理念透過自然展現其否定、統一與發展運動的場域。對黑格爾而言,結構並不只是物理結果,而是理念實踐自身邏輯所形成的具體存在方式。

有機結構的邏輯轉折：從無機到生命

黑格爾進一步指出，化學結構並不止於無機物質，而是逐漸邁向有機結構 —— 這是自然從機械、物理、化學逐步過渡到生命的階段。此一過程顯示出理念如何從靜態結構走向動態組織、從對立性走向自我維持與功能分化。

有機體的化學基礎，如 DNA、蛋白質與酵素，其複雜度與自我複製性皆已超越單純結構合成。這一發展正是黑格爾自然觀的體現：自然中的理念不僅展現在元素對立與結構組合，也在於這些結構如何產生自我邏輯，進入新的辯證層級。化學因此是自然邁向有機與精神的邏輯前奏。

結語：化學結構中的理念律動

黑格爾將元素與化學結構納入理念辯證運動中，賦予其形上學地位。他不將化學視為工具性知識，而是一種揭示自然生成邏輯的語言。從元素之對立性、化合之統一性、週期性之秩序、分子之組成，到有機體的功能複雜性，每一步都展現出理念如何從抽象邏輯轉化為具體結構，並邁向自我反思的可能性。

因此，化學不是自然的技術層，而是理念邁向精神的中介段落，是自然中最精密而活躍的辯證現場。

5. 從屬性到關係：自然物之間的相互性

自然物不再孤立：從實體屬性邁向關係本質

黑格爾在《自然哲學》中強調，自然中的事物不能僅被視為具備一系列屬性的獨立實體，而應被理解為一個相互聯繫的整體系統。這一觀點揭示著自然觀的一個根本轉變，即從以物體內在屬性為中心的本體論思維，轉向以關係性為本質的辯證架構。對黑格爾而言，任何一個自然物的存在都不是絕對孤立的，而是處於多重關係網絡之中，其意義與功能唯有透過這些關係才能得以確立。

在這個理解框架下，重量、密度、顏色、導電性等性質，不再是物體本身的封閉屬性，而是該物體與其他自然條件互動所產生的表現結果。這種轉向反映出黑格爾自然觀的內在結構性思維：屬性僅在關係中獲得意義，存在即為相互性。

相互作用作為自然運動的驅動力

從重力與電磁力到化學親和力與熱能交換，自然中各類現象皆顯示出事物之間不可分離的交互作用。黑格爾認為，這些相互作用不是次要現象，而是理念自我外化於自然時的核心邏輯。自然物之所以會改變位置、性質、結構，正是因為它們並非封閉系統，而是在與外界持續互動中展現其存在方式。

5. 從屬性到關係：自然物之間的相互性

他指出，這些關係不是隨機附加的，而是理念在自然中展現出來的必要運動。例如，太陽與地球之間的引力關係不只是物理計算，更是自然整體穩定與週期運行的具體化條件。每一物體都參與整體秩序之建構，其相互性並非偶然，而是理念結構的顯現形式。

從靜態屬性到動態過程的哲學進階

黑格爾批評傳統自然觀過度關注「是」的本質，卻忽略「成為」的邏輯。他指出，屬性若被視為不變的本質，就會遮蔽自然不斷變化與生成的根本特性。因此他主張，應以「關係過程」取代「固定屬性」作為理解自然的基礎。

這種觀點在現代物理與生物學中獲得實證支持。例如，電子的「位置」無法精確確定，因其處於不斷與能量場互動的狀態；基因表現也不是單一 DNA 序列的結果，而是基因與細胞環境、行為與外部條件共同調控的關係結果。這些例證正是黑格爾所言指出的，自然不在於靜止，而在於關係中的運動與變化。

關係性與整體性的辯證統一

關係並不意味著相對主義或無限變動，而是在黑格爾辯證法中，關係性是整體秩序中的具體實現方式。他強調，每個自然物的意義皆依賴於其在整體系統中的位置與功能，也就是「整

體中部分之所以為部分」，並非由其獨立性，而是因其關聯性。

這種結構性觀點與系統論、複雜性理論不謀而合。生態學中的「生物群落」、氣候變遷研究中的「多因系統模型」、物理學中的「場」與「拓樸關係」，都突顯自然物的存在是透過多層級、多維度關係互構而成，並非可分離元素的總和。

結語：自然存在之邏輯即為關係邏輯

黑格爾將自然物由「有屬性之實體」轉化為「在關係中成為之存在」，這一轉向徹底改變我們對自然的理解。自然不再是靜態事物的集合，而是理念在差異與統一中展現自身的網絡系統。每一個自然物的存在，都需在其關聯性中加以定位與思考。

這樣的理解不僅有助於我們發展新的自然哲學，也促使當代自然科學在研究方法與倫理立場上進行根本反思。自然的相互性不只是描述，更是一種存在方式，而黑格爾的辯證思維則為我們提供了理解這種關係邏輯的深層工具。

6. 物理自然與精神自然的邏輯聯繫

自然與精神的雙重層級：理念展開的兩個面向

黑格爾哲學體系的核心，在於理念（Idee）如何從自身邏輯的純粹性向外展開，並最終返回自身。這一展開過程可劃分為

6. 物理自然與精神自然的邏輯聯繫

三大部分：邏輯學、自然哲學與精神哲學。自然，作為理念的外化，是其從純粹思維走向具體現實的第一階段；而精神，則是理念透過自然達成自我認識、自我回歸的終極形式。因此，物理自然與精神自然並非彼此割裂，而是理念運動的連續層級。

黑格爾將自然界視為理念「他在化」（Anderssein）的結果，在此階段理念失去其直接性而顯現為差異、對立與外在性。物理自然即是這一現象化的首層，其特徵在於空間、時間、運動與因果的支配，是理念進入實存世界後最原初的展開模式。而精神自然，則是在此基礎上，當自然物發展出有機結構、感官能力與反思能力時，理念開始重新自我聚合，呈現出具有意識與目的的結構，最終邁向自我意識與普遍理性。

自然的物理秩序：理念的外在性顯現

物理自然是理念外化的第一階段，也是黑格爾對牛頓力學與自然科學批判與重構的起點。在此階段，自然被展現為一套遵循數學規律、因果法則與空間時間框架的客觀秩序。黑格爾不否認此層級的科學性與客觀性，但指出這一層級的特徵乃是「抽象外在性」：即一切自然存在皆呈現為分離的、量化的、彼此對立卻可透過運動或力量建立聯繫的實體。

舉例而言，物體的重量、位置、速度、電荷等性質可透過精確數學模型描述，這讓物理自然呈現出一種高度可計算性。

然而黑格爾認為，這種自然觀雖有助於控制與預測，但同時遮蔽了自然的內在結構性與邏輯發展。若僅止於此層級，自然便淪為靜態機械的現象，理念亦無法在其中展現其目的性與統一性。

有機性作為邁向精神的中介環節

黑格爾提出，理念欲從物理自然邁向精神，必須經歷「有機自然」的轉折。這一層級表示自然中開始出現不僅僅受外力驅動、而是具有內在目的與自我維持能力的存在，例如植物與動物。這些有機體展現出由內部組織決定其功能與關係的特性，是理念從外在性走向內在統一的重要階段。

在此階段，自然不再只是力學與化學的實驗場，而是理念自我結構與目的邏輯的容器。生物體不僅對環境反應，更具有成長、修復與繁衍的能力，這些能力可視為理念在自然中首次顯現出主體性與內在統一的跡象。理念在有機體中已不再只是外在結構，而是內在邏輯的具體化，為精神的展現鋪設了結構基礎。

精神自然的萌芽與人類意識的生成

從有機體進一步邁向人類意識，是黑格爾哲學體系中理念從自然哲學過渡到精神哲學的關鍵階段，象徵理念開始由他在返歸自身。此時，自然中不僅存在目的性結構，且開始具備反

思能力與自由潛能。人類作為自然的一部分，卻能跳脫自然因果的支配，進行價值選擇與歷史創造，這正是理念在現實中完成自我認識、自我把握與自我生成的核心。

在黑格爾看來，人類意識的出現不是自然界的偶然，而是理念邏輯的必然進展。自然之所以存在，不是為了自己，而是為了生成出能夠認識自身的存在者。此一過程完成於精神階段，但其基礎卻奠定於物理自然與有機自然的層級展開。因此，物理自然不僅提供條件，更是理念必經的展現階段。

當代表述：自然與精神統一性的再詮釋

在當代自然科學與人工智慧的語境中，黑格爾這一邏輯聯繫提供了新的反思方向。例如，從生物物理學、神經科學到認知科學，皆指出意識活動與自然物理結構間的緊密關聯。腦神經的活動雖可被物理量化，卻也包含自我調節、學習與反思等高度有機且精神性的特徵。這正呼應黑格爾所謂「精神作為自然之返歸」的結構觀。

同樣，系統論與自組織理論亦指出，複雜系統可自發產生秩序，暗示精神性不需外在注入，而可由自然本身逐步演化而來。這些觀點皆與黑格爾所強調之理念邏輯一致，強調自然與精神並非二元對立，而是同一邏輯的連續層級。

結語：理念從自然至精神的必然邏輯

黑格爾透過「物理自然－有機自然－精神自然」的辯證路徑，說明理念在現實中如何實現其從外在到內在、從被動到自由的發展歷程。物理自然不是對理念的背離，而是其實現自身邏輯所不可或缺的階段。唯有理解這一層級邏輯，我們才能看見自然不只是存在的場域，更是理念自我運動的舞臺，最終通向精神的生成與自由的完成。

7. 自然物的統一性與差異性辯證

統一與差異的辯證邏輯：自然結構的基本張力

黑格爾自然哲學的核心觀點之一，是理念在自然中的展現總是以統一性與差異性的辯證關係為前提。自然物之所以能構成整體系統，正是因為它們不僅彼此區別，而且在區別中展現結構的整合邏輯。換言之，統一與差異並非互斥，而是構成自然邏輯結構不可分割的雙面。

黑格爾指出，若無差異，則自然物皆同質而無個別性；若無統一，則萬物彼此分裂無以組成整體秩序。統一與差異在此成為自然邏輯中不可或缺的動力，顯示理念如何在現象界透過區別來建構關係，又透過整合來實現總體性。

7. 自然物的統一性與差異性辯證

自然物的個體性與類屬性

自然界中的每一物種或個體，皆同時展現其特殊性與類屬性。以植物為例，每一棵樹都有其位置、年齡、形態等個別特徵，然而它同時也屬於某種植物類別，擁有特定生理結構、光合作用等普遍性機制。這種普遍與特殊之共存，即是自然物所展現的統一與差異的辯證關係。

黑格爾認為，這不只是生物學上的分類問題，而是理念如何透過差異形成結構、透過結構指向統一的表現。個別的自然物因其差異而成為具體存在，卻又因其類屬性而參與整體自然秩序的運行，這一邏輯正是辯證思維之精髓。

空間與時間中的統一性邏輯

在空間層次上，自然物雖散布各地，卻因重力、氣候、磁場等共同條件而形成整體互動的網絡；在時間層次上，自然物各具生命週期與演化路徑，卻共同參與自然歷程中的連貫發展。黑格爾指出，這種在時空中的整合性正是自然本身具有邏輯構造的證據。

舉例來說，水循環系統中蒸發、凝結、降雨等過程不僅是物理現象，也是自然中統一性透過差異實現自我連貫的例證。每一個區域的降雨量、溫度變化雖具差異性，但系統整體的運

作卻遵循一致的邏輯。這說明自然不是偶然組成，而是理念秩序的展現場域。

現代科學中的統一與差異：黑格爾觀點的延續

現代物理與生物科學也不斷揭示自然中的統一性與差異性如何彼此依存。例如，遺傳學指出所有生命共享基本遺傳編碼結構（如 DNA 的四種鹼基對），但透過基因表現與突變，又展現出極大的個體差異。這正是黑格爾辯證邏輯的科學實證：同中有異，異中求同。

物理學則指出，宇宙中的基本粒子與自然常數具極高穩定性，顯示出自然的整體秩序；但這些粒子在不同場域中展現出不同性質，正顯示差異性的必然。黑格爾的自然哲學提供理解這些現象的思維結構：不以差異破壞統一，也不以統一抹除差異，而是在兩者的相互滲透中發現理念的自我運動。

結語：差異中的統一，統一中的差異

黑格爾自然哲學中的統一與差異辯證，揭示自然並非雜亂無章的組合體，也非絕對同質的靜態實體，而是一個在區別中追求整體、在整體中容納差異的理念展現。自然物的存在，即是理念在這種結構張力中自我外化的具體化。

7. 自然物的統一性與差異性辯證

　　這樣的理解提供我們一種整合自然多樣性與秩序性的方法，不僅有助於學術理解，也對生態倫理、科學實踐與人文反思提供穩固的理論根基。

第三章　物理學與自然的結構辯證

第四章
有機體的理念構成

第四章　有機體的理念構成

1. 有機體作為整體的自然存在

從無機到有機：理念運動的新層次

在黑格爾的自然哲學中，有機體的出現代表著自然邏輯的一次重大飛躍。不同於機械與物理階段的自然形態，有機體並非由外力驅動或單一原因構成的結構，而是一個內在統一、自我生成、自我維持的整體。這種「整體性」正是有機體與機械體之最根本區別，也顯示理念在自然中邁向更高自我顯現的層級。

黑格爾強調，有機體不僅是多個部分的集合體，而是整體與部分之間存在著邏輯先後與功能互構的關係。部分之所以存在，是因為整體賦予其意義與功能，而整體也因為部分的協同作用而得以實現其目的。這種相互依賴的結構性，正是有機生命得以展現的條件。

有機整體的特徵：自我同一與功能分化

有機體與其自然背景區隔開來的首要特徵，在於其具有「自我同一性」。即便有機體會攝取外部物質、與環境互動，其整體結構與功能仍能維持一定程度的恆定性與連續性。這種同一性非為靜止不變，而是一種透過不斷代謝與更新來維繫的動態平衡。

1. 有機體作為整體的自然存在

與此同時，有機體內部往往展現出高度的功能分化與器官分工。心臟、肺、腸、神經系統各自負責特定任務，但又無法脫離整體而獨立存在。黑格爾認為，這種分工不是由外在指令安排，而是理念在內部實現其多樣性與統一性邏輯的具體化。因此，功能分化並不削弱整體性，反而強化整體作為理念展現的統攝地位。

有機體的生成與結構：否定的運動

有機體的形成並非機械拼裝，而是經歷從混沌到有序、從無機到有機的辯證過程。黑格爾指出，自然中的有機性總是透過否定既有狀態、吸收外界資源並重新組織內部結構來實現。這種自我否定與重組的能力，正是理念透過自然邁向更高自由形式的證明。

從胚胎發育到細胞分裂，再到組織重建與傷口癒合，有機體在每一階段都不斷面對差異性與不確定性的挑戰，並藉由內部機制完成結構與功能的調整。這顯示自然中存在著非單向的秩序邏輯——不是由單一原因推動的直線變化，而是由矛盾、否定與統合所組成的理念運動。

第四章　有機體的理念構成

與自然整體的關聯：環境中的有機統一性

黑格爾並未將有機體視為封閉於自我的孤島。相反地，他指出，有機體的整體性正是在與其環境的相互作用中顯現。植物根據陽光、土壤與水分改變其生長模式，動物根據氣候與生態系統調整其行為。這些都表明有機體的統一性不是封閉的，而是開放地吸收環境並在其中維繫其內在秩序。

這種開放性不是消解整體性，而是理念如何在自然界中以互動方式實現其自我。環境因素並非破壞有機結構，而是促使其調整與優化的契機，這正是有機體與死物最大不同之處：前者能回應他者而調整自身，後者則被動地承受改變。

結語：有機體作為理念與自然的中介結構

黑格爾自然哲學中的有機體，不只是自然的一種形態，而是理念邁向精神之前最關鍵的結構實現。其整體性、自我同一性、功能分化與環境互動，皆顯示自然界在這一層級中已開始接近理念的自我認識目標。這使得有機體成為自然與精神之間的重要橋梁，不只是存在的載體，更是理念具象化的展現現場。

唯有理解有機體的整體邏輯，我們才能把握自然不只是力學、物理或化學現象的場域，而是理念自身展現其邏輯運動與自我統一的生成體系。這一視角，不僅為哲學理解提供根基，也為生命科學、醫學、生態學等領域提供深層的理論啟發。

2. 自我維持與再生產：生命的邏輯結構

生命不只是存在，而是自我保存的運動

在黑格爾的自然哲學體系中，生命的核心不在於單純的生物性存在，而在於其邏輯結構——即生命如何維持自身的同一性、並在差異與變動中重構其存有。自我維持（Selbsterhaltung）與再生產（Reproduktion）構成生命運動的雙重節奏：一方面，生命體必須維繫其當下結構的穩定性；另一方面，它又必須透過繁衍或自我複製將其存在延續下去。這樣的運動邏輯顯示，生命不僅是自然界的特殊產物，更是理念自身內在結構的一種外顯模式。

黑格爾指出，純粹的物理或化學存在，不具備主動維持自身的機制，其存在狀態是被動且短暫的。而生命體則顯示出一種「自為存在」（Fürsichsein）的特性，意即它不是外力支配的結果，而是主動建構與調節其存在條件的主體。這使得生命成為自然中的「理念現象」，是一種非機械性的、自我中介的運動實體。

自我維持的邏輯構造：同一與變異的動態統一

自我維持不等於靜態的穩定，而是一種透過變動實現穩定的過程。生命體不斷面對外界的干擾與內部的老化，其結構必

第四章　有機體的理念構成

須不斷調整以對應這些挑戰。這就意味著自我維持是一種「否定的肯定」：透過排除異質性或吸收他者來重新建立自身同一。

例如，免疫系統的運作、荷爾蒙的調節、組織的更新，皆是生命體自我維持的策略。它們不僅保護生命結構不被破壞，更透過內部的變動實現整體的恆常。黑格爾認為，生命體的穩定並非靜止，而是一種透過內在運動實現的辯證統一。後世學者以「活動的同一性」（tätige Identität）來描述這種結構，意指生命在變動中維持自身的整體性。

再生產作為理念的時間延展

若自我維持是空間上的穩定，那麼再生產則是時間上的延展。生命體透過繁殖將自身結構與資訊延續至未來，這不僅是生物學上的延續，也是理念邏輯在時間中實現的方式。黑格爾指出，理念在自然中不滿足於瞬時的現身，而是透過重複與變異將自身展開為歷程。

再生產並非單純複製，而是一種帶有差異與創造的生成。例如有性繁殖引入了遺傳多樣性，使後代在延續中產生變異，這正是理念在自我同一與他者化中不斷實現其普遍性的過程。從這一點來看，繁殖既是保留，也是創造，是理念之「在自身中返回自身」的運動延續。

2. 自我維持與再生產：生命的邏輯結構

自我中介的邏輯：超越機械還原

在生命維持與繁殖的過程中，我們可看到生命體具有高度的自我中介性：它不是由外部條件決定的物件，而是能夠調整、選擇、反應與創造的主體。這使得黑格爾拒絕將生命簡化為機械結構或化學反應的集合。他強調，生命體的本質不在於其「成分」，而在於其「結構性運動」。

這種思維在當代系統生物學與認知科學中亦有所呼應。例如，自我調節網絡（autopoiesis）與生物演化的開放性結構理論，都指出生命是具有動態自組織能力的整體，其運作原理遠超機械論的線性因果。黑格爾早已在其辯證邏輯中指出：唯有在結構中尋找生命的條件，我們才能真正理解自然中的理念運動。

結語：生命作為理念的現實節奏

黑格爾透過「自我維持與再生產」這一雙重結構，展現生命如何不只是自然界中的偶然事件，而是理念在現實世界中完成自我具體化的必要階段。生命不是由物質堆積而成的複合體，而是理念在自然條件中以結構、自我運動與歷程方式展開的節奏。

因此，理解生命，就等於理解理念如何在非靜態、非封閉的系統中展現其自由與目的。這種視角不僅深化我們對自然與生命的哲學理解，也為未來生命科技、人工生命、以及自然倫理的思辨提供根本框架。

第四章　有機體的理念構成

3. 植物生命與成長之理念型式

植物作為有機理念的第一表現層次

在黑格爾自然哲學的架構中，植物生命是理念在有機體中最初的、也是最單純的實現形式。植物的存在方式展現了有機體的基本邏輯——內在統一、自我生長與環境回應，但這些結構尚未達到動物性中的主觀性與意識層次。正因此，植物提供了理解自然如何從無機機械性過渡到生命性有機性的第一個邏輯起點。

黑格爾在《自然哲學》中指出，植物的生命活動不像動物那樣集中於一個主體中心（如大腦或神經系統），而是以較分散的方式展現於整體結構中。這種缺乏明確主導中心的特質，成為植物與動物在生命形式上的一個根本分野。根、莖、葉雖有分工，但在理念上並無階層主次關係，每一部分既執行自身功能，也可在某些條件下補充他部功能，這顯示出植物的結構性是開放且多中心的。

植物的成長：理念之自我展開運動

植物缺乏動物那樣的移動能力，其存在方式固定於土壤之中，但這種靜態外觀並不表示內部缺乏運動。黑格爾認為，植物的生命本質在於不斷的生成與成長，其成長運動不僅是生理現象，更是理念由單一形態向多樣展開的實現過程。

3. 植物生命與成長之理念型式

從種子到發芽、從枝葉延伸到開花結果，植物展現了一種由內而外、持續開展的邏輯節奏。這種成長是理念從統一性（種子）經歷差異化（枝葉分化）後再趨向一種高階統一（果實與繁衍）的具體實現。成長在此不僅是量的增多，而是結構與功能的辯證轉化，是理念在自然中的形式創造。

環境關聯性與植物生命的感知基礎

雖無神經系統，植物仍具備高度的感知與回應能力。光合作用的啟動、向光性（Phototropism）、根部對濕度的調整、水分與營養的吸收行為，皆顯示植物能夠根據環境條件進行內部調整。這些現象說明，植物雖無自我意識，卻已展現理念與外在自然世界之關聯性互動。

黑格爾認為，植物雖未形成主體，但其結構與功能已展現出一種邏輯前提上的自我關聯性。後世學者有時以「客觀的主觀性」（objektive Subjektivität）來描述這種特性。這種關聯性正是自然從無機機械性走向有機有目的性之關鍵橋梁，也是精神萌發的潛在預兆。

開花與結果：理念之再生形式

植物的繁殖過程亦具高度象徵性。開花是一種極具形式美與差異性的活動，其結構之和諧與對稱往往成為藝術與哲學的

象徵來源。而結果與種子生成，則代表理念對自身結構之複製與延續，這一運動不僅具生理意義，更具邏輯意涵。

植物之所以結果，是為了在時序中延展其生命型式，這與黑格爾強調之「理念之時間實現性」完全一致。每一顆種子皆含有重複整體結構的潛能，這表示植物不僅能在空間上自我維持，也能在時間中展開與自我複製，成為理念再現自身的媒介。

結語：植物作為理念邁向精神的中繼站

植物生命展現了有機體的初級邏輯：無中心但具結構、無意識但具感知、無行動但具展開、無主體但具再生能力。這些特徵揭示著理念首次在自然中突破機械界限，展開為有目的性、結構性與時間性的存有。

在植物的存在方式中，黑格爾看到自然如何由靜態邏輯走向生成秩序、如何從外在力的總和過渡到自我規範的有機整體。植物雖非精神性存在，卻已是自然之中精神將至的形式準備，是理念在自然界中邁向更高自由層次前的必要階段。

4. 動物性與意識萌芽的自然條件

從植物性到動物性：理念結構的昇華

在黑格爾的自然哲學中，動物生命代表著理念在自然界中的一個重要進展。與植物的生命活動較為分散、缺乏統一主導中心不同，動物展現出更高程度的主體統一性和內在性，其各部分功能協調一致，形成一個有機的整體。這種結構的演化意味著自然不再只是理念的被動展現，而是逐步邁向自我感知與主體能動的狀態。黑格爾將動物性視為理念在自然界中由客觀性邁向主觀性的關鍵環節，也是在有機生命中首次出現「意識萌芽」的可能性條件。

動物性結構：內部系統統攝與機能調節

動物相對於植物，其最大差異在於具備一個統攝性的中樞系統，通常體現為神經系統與腦部功能的整合。黑格爾指出，動物體的整體性不是外部條件組合的結果，而是由內部功能性邏輯所支配。呼吸、消化、運動、感知等系統皆由中心統御，並形成閉環調節機制，實現「為自己而在」的生命型態。

此一中心統攝結構使得動物能在環境中表現出積極的行動能力與自我調節能力，這不僅是物理或生理上的現象，更是理念從客體性向主體性發展的邏輯展現。動物的行為不再僅僅反

第四章　有機體的理念構成

映外界刺激,而是內部條件主動調節與選擇的結果,這顯示理念已開始在自然中形成自主的現象形式。

感覺與欲望:主觀性的原初形態

動物具備感官系統與欲望衝動,這些現象在黑格爾看來,是意識萌芽的自然基礎。感覺(Empfindung)提供了動物與環境互動的第一通道,欲望則是主體性將自身作為欲求中心的表現。這兩者雖尚未構成理性與思考,但已經開啟了主體與對象的區分,是精神生成的自然預備階段。

動物因感覺而感知外在世界,因欲望而產生移動、爭取與避險的行為。這些都是理念在自然中逐步從靜態存在走向動態關係的表現。黑格爾強調,欲望不只是生理需求,更是理念之「否定當下、追求自身肯定」的邏輯表現,是精神活動最原初的動力源。

空間移動與主動性:自由意向的起點

相較於植物固定於特定環境,動物具備主動移動能力,這使得其行為更具目的性與選擇性。黑格爾將此理解為自然中理念開始突破外在環境支配、展現自由傾向的初步顯現。動物的移動不是隨機漂移,而是針對特定對象與需求的選擇行動,這即是「自由意向」在自然中的原初形態。

4. 動物性與意識萌芽的自然條件

動物的主動性雖受限於本能與生理條件，但其結構上已呈現出超越自然必然性的潛勢。從捕食到築巢、從迴避危險到尋求交配，動物展現出高度的行為模式調整與策略性選擇。這些行為展現理念已不再單純外現於自然，而是在自然中形成具目的結構的行動模型。

結語：動物性作為精神形成的自然奠基

黑格爾透過動物性的分析指出，意識並非自外於自然而來的超越現象，而是理念在自然中發展的邏輯延續。動物性所包含的內在統一性、感知結構、欲望動力與行動模式，皆是理念自我實現、邁向精神的具體中介階段。

在動物生命中，自然已不再只是他在性的總和，而是成為理念「自身之為自己」的起點。此階段雖尚未出現真正的理性與自我反思，但其基礎結構已預示精神之可能。因此，動物性不只是生命進化的一環，而是理念歷程中不可或缺的辯證階段，是自然世界邁向精神自由不可避免的準備路徑。

第四章　有機體的理念構成

5. 生命的感性基礎與自然界之精神性預兆

感性作為生命之原初結構

　　黑格爾在自然哲學的系統中，將生命的感性基礎視為理念於自然界顯現出的關鍵環節之一。感性（Sinnlichkeit）並非僅指生理上的感官知覺，而是一種理念在自然中形成初步主觀性的方式。它構成了自然界中從無機與植物性階段過渡到精神階段的中介結構，展現出自然中「自為存在」的初步實現。

　　在動物體中，感性體現為對刺激的反應、對環境的感知與對內部狀態的體會。黑格爾指出，這種能力雖非反思性意識，但已構成理念在自然中「內化現實」的第一步。感性存在於個體與世界之間，是理念透過自然建構「自我—世界關係」的初始形式。

感官與自然世界的初步統一

　　感官機制是有機生命體與環境互動的節點。視覺、聽覺、觸覺、味覺與嗅覺等，皆不僅是接收資訊的工具，更是生命體參與自然世界、形成初步世界經驗的方式。黑格爾認為，在這些感官功能中，存在著理念與自然相遇的痕跡。

　　舉例而言，眼睛不是單純地「看見」物體，而是透過光線、形狀、距離的判斷進入一個有結構的自然秩序。感官之所以能

5. 生命的感性基礎與自然界之精神性預兆

回應世界，正是因為其本身具有與自然法則對應的邏輯結構。這一觀點預示了理念如何從「外部感知」邁向「內部自我意識」的可能。

情感與本能：精神之胚胎性展現

黑格爾認為，生命體所展現的感覺（Gefühl）與本能（Instinkt）雖不具備思考能力，卻已蘊含精神的萌芽。感覺是對內在與外在刺激的綜合性反應，包含主體對自身狀態的體會，而本能則是理念在自然中目的性行動的初步表現。

例如，動物為求生存而築巢、為延續種族而尋偶，這些行為雖非經過反思，卻仍展現出某種合目的的結構。黑格爾視之為理念在自然中透過本能進行自我保存與再現的初步模式，也因此，情感與本能構成了自然界通往精神世界的第一扇門。

感性結構中的統一與差異

黑格爾的辯證邏輯亦體現在感性生命的結構分析上。感性既是一體性現象，也同時蘊含內在差異。不同感官之間的分工與整合、不同刺激對個體的影響，皆顯示自然中不斷進行著統一性與差異性的調和過程。

在此過程中，生命體逐漸形成一種「內在整合能力」，這種能力為後續自我意識與精神之形成奠定基礎。黑格爾認為，正

是這種感性的內在協調結構，使得自然界不僅是物理的總和，而是理念運動的場域，是精神得以生成的原初形態。

結語：自然中的精神前兆與邏輯準備

總結而言，感性不只是自然界中個體回應外界的機能層面，更是理念邁向精神的邏輯開端。在感官知覺、情感回應與本能行動中，我們看到自然逐漸出現了對自身之「內在關係」的意識形式。

黑格爾自然哲學的價值，在於指出這些現象並非偶然或單純生理過程，而是理念在自然界中逐步實現自我回歸的徵兆。感性，雖不具理性，卻已構成了精神之可能性，讓自然不再只是理念的他在性，而是理念通向自由與自我認知的預演舞臺。

6. 有機體與機械體之邏輯對比

分析起點：自然中的結構與目的

黑格爾在《自然哲學》中指出，機械體與有機體的區別不僅在於其外觀與功能不同，更根本的是其背後所展現的理念邏輯結構有所差異。機械體（Mechanismus）是由部分以外力聯結而成的總和，其結構是外加的、非自主的。而有機體（Organ-

6. 有機體與機械體之邏輯對比

ismus）則是一個整體性主導的結構，每一部分都在整體的目的性邏輯中獲得意義，具備自我調節、自我保存與自我再生的能力。

黑格爾透過對比這兩種自然現象，企圖揭示理念在自然中不同層次的表現模式，並指出機械性與有機性之間不是絕對對立，而是辯證層級遞進的關係。唯有從此對比中了解其邏輯分野，我們才能理解自然如何成為精神顯現的場域。

機械體的特徵：外在聯結與被動運動

機械體的基本特徵在於其結構與運作皆由外在因素決定。齒輪、槓桿、滑輪等皆是依照外加設計組合而成的，其運作依賴外力的驅動，並未具備自我目標或功能的內在意圖。黑格爾認為，這種結構體現的是自然最原初的理念表層，其邏輯仍停留於因果鏈條的機械外在性中。

在機械體內，部分與整體的關係是可分解的：拆解機械仍可保留其各自功能，不影響部分的本質。這種結構的邏輯表現為「總和即整體」，與有機體的「整體優於部分」截然不同。這也導致機械體缺乏變異能力、無法適應新環境，其存在方式是固定的、可逆的與封閉的。

第四章　有機體的理念構成

有機體的特徵：內在目的性與整體統一

與機械體相對，有機體展現出自我內部結構的統一性與目的性。黑格爾認為，有機體的各部分功能不再是孤立的，而是由整體所賦予意義，失去整體性則部分亦無從成立。他強調，有機體的自我調節、自我保存與自我再生能力，使其不依賴外力驅動，而是依賴內在的生命原理。

例如，肝臟、心臟、肺臟等器官，其功能雖分工，但皆依賴整體生命系統的調節與支持，彼此之間存在高度互構性。黑格爾將這種關係視為「理念在自然中實現自身邏輯」的核心證據，因其不僅展現結構統一，也體現動態調節與自我修復能力，超越了機械性物體的運作形式。

可逆性與不可逆性：邏輯運動的分界

另一項對比關鍵在於可逆性。機械體的運作多可逆，例如鐘錶逆轉仍可回復原狀；而有機體則多呈現不可逆結構：從胚胎到成熟、從成長到死亡，生命歷程無法回溯。這種不可逆性代表理念在有機體中已非重複循環，而是朝向發展、歷程與目的邏輯的展現。

這也說明了黑格爾所謂「自然的精神潛勢」首次出現於有機層次：機械性體現的是閉鎖的自然秩序，而有機性則暗示開放、發展與自由的可能，是理念從自然回歸自身的開始。

6. 有機體與機械體之邏輯對比

人工智能與有機邏輯的錯位

在當代技術發展下，尤其人工智能與仿生機械的出現，使得機械體與有機體之區分顯得更加複雜。然而，黑格爾的辯證邏輯仍可提供清晰分析工具。即便機器人可模仿感知與反應，其運作仍屬外在規則與指令驅動，缺乏內在目的性的自主整合，無法真正達成有機體的「自我生成」與「自我調節」。

這顯示，儘管科技可能逼近有機表象，真正的理念邏輯卻不僅在於功能實現，更在於結構關係與目的秩序。黑格爾提供的機械性與有機性之對比，仍是理解自然、技術與精神關係不可或缺的思辨基礎。

結語：從對比中辨識理念的運動邏輯

透過機械體與有機體的對比，我們看到理念如何在自然中以不同層級展現自身的外化進程。從機械的外在聯結到有機的內在整合，自然呈現出由必然性邁向自由、由分裂走向統一的辯證歷程。

這一進程不僅揭示自然的結構多樣性，也使我們理解，唯有在理念邏輯下，有機體才能成為自然中精神萌發的基礎。黑格爾的哲學洞見，至今仍為自然與技術關係的討論提供堅實的形上學架構與批判視角。

第四章　有機體的理念構成

7. 有機體概念的當代意涵：從生態學到人工智能

現代脈絡中的有機體再思

在二十一世紀，科學與技術的快速發展使得「有機體」不再僅是生物學範疇中的概念，而成為解釋自然、生態、乃至人工系統的核心理論之一。從氣候變遷、物種滅絕、到人工智能與仿生學的興起，現代世界面臨著多重挑戰與重構，這些變遷呼喚我們重新檢視黑格爾所提出的有機體理念。對黑格爾而言，有機體並非單純的自然實體，而是一種展現理念之結構性、自我性與發展性的綜合體。

生態系統作為宏觀有機體

當代生態學早已不再以個別物種為研究核心，而轉向強調生態系統的互依關係與動態平衡。這與黑格爾理解的「整體優於部分」的原則高度一致。生態系統如森林、濕地或海洋，不僅是多個生物共同存在的場域，更是一個能夠自我調節、自我平衡的整體，其組成部分之間具有功能上的差異性與整體上的目的性。

黑格爾強調，在有機體中，各部分的存在意義乃由整體所賦予，這一觀點在生態學中亦得到印證。例如，捕食者與被捕

7. 有機體概念的當代意涵：從生態學到人工智能

食者雖處於緊張關係，但其相互制約維持了族群數量與食物鏈穩定性。這種功能分化與系統整合的結構，使得整個生態系統可視為宏觀層次的有機體。

自組織系統與動態秩序的黑格爾詮釋

當代物理與生物學中的「自組織理論」與「耗散結構理論」指出，某些系統能夠在遠離平衡狀態下產生新的秩序，這挑戰了舊有的機械論自然觀。黑格爾早在十九世紀便指出，自然並非死板靜止的機械總合，而是充滿內在運動與邏輯發展的場域。

例如，熱帶雨林或珊瑚礁在面對環境變遷時，往往能夠自我調節、適應甚至生成新的物種關係，以維持整體平衡。這些動態演化正是理念在自然中自我實現的實例。黑格爾的辯證法不僅解釋靜態結構，更可用來說明變動秩序中的生成邏輯。

人工智能與仿生科技的挑戰

人工智能（AI）與仿生技術的發展，使得「模擬有機體」成為科技實作的重要方向。從神經網絡到機器人學，AI 系統越來越像生物體那樣進行學習、自我修正與環境互動。這些系統雖然在外觀與功能上模仿生命，但是否具有真正的「有機性」，則成為哲學上的根本問題。

黑格爾認為，有機體之所以為有機，並非僅在於功能性或

第四章　有機體的理念構成

結構複雜性，而在於其自我生成、自我中介與目的性邏輯。AI 雖可進行資訊處理，但其邏輯架構仍由人類設定，欠缺從自身內部出發的理念運動。從此觀點來看，AI 至多為「類有機體」，而非真正的理念展現主體。

生態危機中的倫理反思：從理念整體性出發

氣候變遷、生物多樣性下降與環境破壞，使得人類開始意識到自然界並非無限可剝削的資源，而是具有內在結構與價值的整體。黑格爾強調有機體之整體性與目的性，使我們得以從非工具性視角理解自然。這一點在當代生態倫理學中獲得延伸，強調自然並非「為我所用」，而是「與我共存」的理念實體。

因此，有機體概念也成為倫理思考的根本起點。我們不再僅考慮人類利益，而必須承認自然體系本身所展現的邏輯價值。黑格爾對有機體的詮釋提醒我們，只有將自然視為理念具體化的生命整體，才可能建立真正可持續的生活秩序。

結語：有機體作為未來哲學與科學的共同基礎

黑格爾的有機體概念不僅是形上學的理論建構，更是當代自然哲學與科技倫理對話的支點。在 AI、生態學、系統理論等領域中，有機性提供了一種超越還原論的整體性框架。唯有從

7. 有機體概念的當代意涵：從生態學到人工智能

理念之邏輯出發，理解自然與人工之間的區別與聯繫，我們才能發展出既批判又創造的思考方式，進而應對二十一世紀的文明挑戰。

第四章　有機體的理念構成

第五章
自然與生命的邊界再思

第五章　自然與生命的邊界再思

1. 生命的偶然性與必然性辯證

偶然與必然的古老問題在生命現象中的重現

從古希臘哲學以降,「偶然」(contingency)與「必然」(necessity)一直是形上學與自然哲學的核心問題。亞里斯多德在其《形上學》中指出:「必要的東西是不能不是的;而偶然的東西既可以是,也可以不是。」這樣的區分在自然界中的各種現象中或許仍可成立,但一旦進入「生命」這一層次時,其界線卻變得曖昧。生命,尤其是高等生物的生成、演化與存續,既顯示出強烈的目標導向性,又始終受到環境、突變與隨機機率的支配。

黑格爾在《自然哲學》中承認自然界是理念的外在展開,是精神之自我實現的客觀前提。然而,他並未將自然界的偶然性貶抑為無意義的混亂,而是視之為理念運動中不可或缺的一環。黑格爾在《邏輯學》中論述偶然性與必然性的關係時指出,二者並非簡單對立,而是理念展開過程中的相互轉化。偶然性正是必然性的顯現形式之一,是理念自我實現中的一個環節。這樣的觀點促使我們重新思考,在自然科學高度發展、生命研究深入細胞與基因之今日,生命究竟是偶然的產物,還是理念必然展開的成果?

1. 生命的偶然性與必然性辯證

黑格爾的辯證觀點：從邏輯到自然

在黑格爾的體系中，生命並非單純生物學的現象，而是理念從抽象邏輯運動轉向具體自然存在的關鍵環節。黑格爾在《自然哲學》中將自然界劃分為力學、物理學和有機體三大範疇，生命作為有機體的最高形式，代表了理念在自然界中的具體實現。他認為，生命並非自然界的附加或偶然產物，而是理念自我實現的具體表現。

然而，在其體系中，黑格爾也不否認自然界存在著偶然性。生命的出現雖然在邏輯上是理念的必然展開，但在自然的時間與空間場域中，卻總以偶然的形式實現。例如，在演化過程中，某些物種的產生可能受到氣候變遷、地質事件、甚至隕石撞擊等偶然因素影響。然而，這些偶然性並不否定整體發展的內在必然性，反而是理念以辯證方式「透過偶然性而實現自身」的具體過程。

當代生物學視野：隨機機制中的規律性

當代基因科學與演化理論提供了大量關於生命形成與演變的經驗資料。以生物學家史蒂芬·古爾德（Stephen Jay Gould）的觀點為例，他在《時間之箭、時間之循環》中指出，自然界中充滿了「歷史偶然性」，例如某些基因突變或生態位移，會導致物種命運的巨大分歧。然而，這些偶然因素總是在一定的物理

第五章　自然與生命的邊界再思

與生物規律中展開,並非毫無秩序的混亂。科學家弗朗西斯‧柯林斯(Francis Collins)在主導「人類基因組計畫」後,也強調了基因中的「結構性必然」,即便突變是隨機的,但自然選擇所強化的結果,仍呈現明顯的適應與秩序。

這些觀察與黑格爾的哲學觀不謀而合。在黑格爾邏輯學中的「概念」(Begriff)範疇裡,真正的自由並非排除偶然,而是在偶然中表現出必然的力量。生命的展現,即是概念對自然物質的內在組織能力之實現,這種能力在物質條件下必須經過複雜的演化與生成過程,才能自我顯現。因此,科學上所觀察到的隨機變異與演化選擇,在黑格爾的體系中,可被理解為理念透過偶然性來實現自身的方式。

抗疫科技與生命的邊界

COVID-19 疫情讓我們重新直視生命的脆弱性與其存續的偶然性。病毒的突變、傳播速度與人類社會結構的相互作用,產生出難以預測的變化。而疫苗的研發與部署,則再次顯示出科學對生命之必然性的重塑能力。

2021 年,德國生技公司 BioNTech 與美國輝瑞(Pfizer)聯手推出的 mRNA 疫苗,代表著生物科技的一項重大突破。此類疫苗的開發基於對病毒結構與人體免疫反應的深度理解,雖然病毒本身具有高度隨機性,但科學家仍能在此基礎上建構出穩

定有效的干預手段。這說明即便面對自然界的偶然事件，人類仍可透過理性科學與技術，將生命導向一條更具秩序與控制的道路。

從黑格爾的觀點來看，這正是理念透過實踐理性與技術力量，進一步轉化自然偶然性為必然秩序的歷程。正如黑格爾在《法哲學原理》中所闡述的，自由的實現是理性在世界中的具體展現。在生物科技的進展中，我們看見了自由理念於自然界的再次現身。

偶然與必然的當代表述：跨學科的整合方向

綜合哲學、科學與技術實踐的觀點，生命的偶然性與必然性不再是對立的二元，而是共構於同一運動中的兩面。自然界提供素材與條件的偶然性，而理念、理性與制度則為這些條件提供秩序與方向。在 21 世紀的學術與實務場域，這種理解促成了跨學科整合的新趨勢。例如，「系統生物學」與「複雜性科學」試圖以數學模型與模擬技術來捕捉生命系統的內在結構與變動模式，從而將偶然性納入理解的體系之中。

這樣的轉向，正如黑格爾所主張的辯證方法，並非否定對立，而是在對立中找到更高階的綜合與統一。在生命問題上，這種辯證的態度讓我們得以既肯定自然界的自主性與複雜性，又不放棄對其理解與介入的可能。

第五章　自然與生命的邊界再思

結語：生命辯證的再定位

在黑格爾自然哲學的啟發下，我們得以重新理解生命中偶然與必然的動態關係。生命並非單純的必然演化或機率遊戲，而是在自然條件中理念自我實現的辯證運動。偶然性提供了變異與可能性，而必然性則體現於內在結構的組織與方向。正是在這種張力中，我們看見生命不只是「存在著」，而是「朝向某種自由而展開」的歷程，這也是黑格爾自然哲學所欲捕捉的核心意涵。

2. 自然界中的內在目的性問題

目的性如何可能？

目的論（Teleology）自古即為自然哲學與倫理哲學中的核心問題。亞里斯多德在《形上學》與《物理學》中強調，自然界的一切存在皆有其目的（final cause）。此觀點在中世紀的基督教哲學中被發展為宇宙論證的一部分，視萬物為神意的展現。然而，隨著近代科學興起，以牛頓式機械論為主導，自然界愈來愈被視為無目的的運動體系。此種觀點在伊曼努爾·康德（Immanuel Kant）手中受到挑戰，他在《判斷力批判》中區分了機械因果與目的因果，並主張有機體的組織性無法僅以機械法則解釋。

2. 自然界中的內在目的性問題

黑格爾延續康德對目的性的關注，但他更進一步將目的性視為理念運動的內在機制。在《邏輯學》中，黑格爾將「目的」視為概念自我實現的環節，也即是「主觀目的」向「客觀實在」的轉化，最終走向「理念」的完整統一。在《自然哲學》中，黑格爾強調生命形式乃自然界中內在目的性最純粹的表現，因其自我複製、自我維持、自我發展的能力，恰體現理念自我實現的辯證運動。

黑格爾自然目的論的核心內涵

黑格爾所提出的內在目的性並非指自然外在地被賦予目的，而是理念在自然中的自我展開。他批評以往的目的論將目的視為超越自然的外部力量，例如神或設計者，而忽略了自然自身的生成力。黑格爾強調，真正的目的性是自然內部邏輯的展現，是概念在物質界的必然展開。

例如，植物的生長不僅是光合作用、細胞分裂等機械過程的集合，更是一種整體秩序的自我維持與朝向結果（如開花、結果）的運動。這種整體性無法還原為個別機械因子的疊加，而必須從有機體作為整體的觀點來理解。黑格爾因此主張：目的性不在於自然外部設置的終點，而是自然之中不斷展現其結構、自組織與發展潛能的過程。

這也導引我們進入黑格爾自然哲學中的一個重要區分：「外

在目的性」（äußere Zweckmäßigkeit）與「內在目的性」（innere Zweckmäßigkeit）。前者如工匠製作工具，是將目的強加於物；後者則如生物體的發展，是目的與手段之合一，手段自身即是目的實現的媒介。黑格爾認為，內在目的性的最高表現便是生命，而生命的辯證運動預示了理念的實現方向。

當代表述：系統理論與自組織概念的重提

近代對黑格爾自然目的論的回歸，在於複雜性科學與系統理論的發展。1970年代起，諾貝爾化學獎得主伊利亞・普里高津提出耗散結構理論，說明在遠離熱力學平衡狀態下，自然系統會自發產生秩序與結構。這一理論突破了自然無目的與熵增的機械式框架，反而顯示在開放系統中，結構的生成具內在方向性。

同樣，生物學中的自組織（self-organization）理論也強調，細胞、器官乃至整個生態系統並非由外力組裝，而是由內部互動產生結構。例如發育生物學中胚胎分化的過程，展現了細胞如何根據環境與訊號自我決定命運。這些現象難以用線性因果解釋，而需仰賴一種更高階的、目的論式的理解架構。

這些當代表述恰與黑格爾的內在目的性觀點交會。黑格爾雖未使用現代科學術語，但他對自然自我生成邏輯的哲學把握，已預示了今日系統論與動態複雜性研究的核心方向。黑格爾所說的「目的在其實現中成為自己」，正可作為今日「自組織」理論的哲學注腳。

2. 自然界中的內在目的性問題

人工智能與有機目的性的差異

在 21 世紀人工智能蓬勃發展之際,「目的論」再度成為科技與哲學的交界議題。現今許多 AI 系統能展現適應性、學習能力,甚至自主行動,但這是否意味著其具有內在目的性?

以 OpenAI 開發的 ChatGPT 系列為例,其透過深度學習訓練,在語言生成中展現出高度流暢性與回應性。然其「目的」乃由人類工程師設定,其行動雖具功能性,卻不具備自我維持或自我目的的能力。相對而言,生物體之目的性來自於其整體系統的組織結構,例如人類心臟的跳動既非外力所驅,也非功能設定,而是整體身體運作中的必然表現。

黑格爾若身處今日,或許會以此指出人工智能系統屬於「外在目的性」的產物,而非理念在自然界中的有機展開。目的性不在於表面行為的目的導向,而在於實體是否能以自身的內部結構生發出目的與手段的合一。這種合一是自然界中生命才擁有的能力,是理念於自然中最深層的實現方式。

結語:目的性重構的哲學回應

綜觀黑格爾與當代自然科學對目的性的探討,我們可見內在目的性作為一條理解自然界秩序、組織與生成的關鍵路徑。目的性不再被理解為來自自然之外的超驗實體,而是自然本身邏輯發展的內部結構。從植物的生長、動物的繁衍,到生態系

統的平衡維持，皆可見目的與手段在整體結構中的辯證合一。

因此，內在目的性不只是生命的特徵，更是理念在自然中最深刻的足跡。正是在這種自我展現的過程中，我們見到理念如何穿越偶然、透過物質，在自然界中漸次構築其自由的現身場域。這亦為自然哲學在當代表述中的一項重大使命：重建目的性的正當性，使我們得以從物質性還原的限制中，重新思考自然本身的意義與動力。

3. 生物進化與辯證發展的交織

從達爾文到黑格爾：演化觀的哲學重釋

演化論自查爾斯・達爾文（Charles Darwin）於西元 1859 年出版《物種起源》以來，成為現代生物學的核心理論之一。自然選擇、遺傳突變與適應性等概念構成了演化的基本機制。然而，若將演化視為純粹的隨機性與環境壓力所導致的結果，則難以捕捉其中潛在的組織性與方向性。此一問題，正是黑格爾哲學提供深度洞察之處：黑格爾並未親自處理生物進化，但其辯證邏輯與自然哲學中的理念運動，為我們提供理解演化的另一種視野。

黑格爾認為，自然界是理念的外在化與實現場域，而此實現並非一蹴可幾的完成，而是經由否定、矛盾與超越的不斷展

3. 生物進化與辯證發展的交織

開過程。若我們將此思路應用於演化論中，則演化不只是變異與選擇的疊加，而是一種由內而外、由低階組織透過矛盾與調整而趨向更高階有機統一體的過程。黑格爾的「揚棄」(Aufhebung)概念正好對應於此，意即發展不是消滅過去，而是在保留與提升中前進。

現代演化論中的辯證動力：整合與突變

當代新達爾文主義將演化理解為基因層級的突變、重組與自然選擇。然而，近年生物學家發現此種模型過於簡化，不足以解釋複雜器官的生成、發育的穩定性與生態系統的共演化現象。因此，演化發展生物學(Evo-Devo)與多層級選擇理論(Multilevel Selection Theory)等新理論陸續興起。

例如，Evo-Devo 強調發育過程中的調控基因與形態生成場，主張演化不只是基因序列的改變，更是整體發育結構的變化。這類觀點實際上與黑格爾哲學中的整體性觀點相契合。黑格爾認為有機生命是一個總體，其變化不應以單一部分為單位解釋，而須從整體發展邏輯加以理解。發育過程中的調控機制正顯示生物系統在內部調整中保持其結構與功能，並在壓力下形成新的發展方向，這與黑格爾對辯證發展的描述有高度共鳴。

此外，多層級選擇理論認為選擇作用不僅作用於個體，亦可發生在基因、細胞、群體乃至物種層級之間。這也意味著演化具有多層次的結構與張力，而非單一方向的選擇邏輯。在這

些張力中，個體與群體的利益經常衝突，必須在動態平衡中產生新的整合。這樣的動力機制即為黑格爾所言之「矛盾的統一」：對立項的鬥爭不是破壞，而是推進整體發展的動力。

人類演化與文化的共構歷程

人類作為一種高度發展的生物，其演化歷程顯示出極高的文化與自然互動性。從直立行走、語言發展到火的使用與農業社會的建立，人類不只是受限於自然條件，而是透過主動調整環境、創造符號系統來重塑自身。

例如，考古學證據顯示，約在四萬年前的舊石器晚期，人類開始大量製作裝飾性器具、洞穴壁畫與埋葬儀式，顯示出文化意識的萌芽。這些文化行為不僅反映生物適應，更展現出精神性的自我意識。而在生物學上，人腦的演化與社會互動密切相關，複雜的語言能力、記憶與預測行為的神經結構，在群體生活中逐漸形成，顯示文化本身已成為演化的動力之一。

黑格爾在《精神現象學》中指出，精神的實現是透過歷史性實踐與自我意識的展開。若將此原理回應於人類演化史，則可視人類演化為理念從自然進入精神的橋梁歷程。在此過程中，矛盾不再只是生物競爭的問題，而轉化為意義建構、倫理形成與文化進化的辯證形式。這也呼應黑格爾《自然哲學》末尾強調，自然的最終目標是讓精神得以於其中成為自己。

3. 生物進化與辯證發展的交織

當代回應：從生態演化到技術共同演化

在 21 世紀的生態危機與科技發展中，演化不再是純生物層次的課題，而是橫跨自然、人文與技術系統的複合問題。今日的生物不僅在自然選擇中演化，也在與人造環境、人工智能與文化習慣的交互作用中變化。此種共同演化（co-evolution）已超越傳統演化論的範疇，轉而展現理念於現代生活中更深層的實現樣態。

舉例來說，都市化導致鳥類改變歌聲頻率以適應交通噪音、微生物在抗生素環境中演化出超級抗藥性，都是人類技術與生物演化交互影響的實例。同樣地，人類行為也因基因編輯、生物科技與 AI 應用而面臨道德與存在論的重構挑戰。黑格爾若在世，或許會視此為理念透過現代技術擴展其自由潛能的進程，但同時也警告我們：若失去整體性與辯證理解，技術發展可能反成為新形式的自然異化。

生物演化的邏輯重建：從適應到理念

總結而言，生物演化並非線性、機械式的過程，而是充滿張力、調整與創新的辯證運動。演化中的突變與選擇構成否定性動力，發育與穩定性則為統一性機制，兩者交織形塑出日益複雜與有機的生命形式。從黑格爾視角觀之，此運動即是理念透過自然媒介而實現自身的歷史。

我們可以將黑格爾自然哲學中的進化視為「理念之自我實現的階段運動」：從無機界的秩序與定律，到有機體的繁衍與自我維持，再至人類意識與文化的出現。這樣的理解不僅提供科學一種形上學的框架，也為倫理與政治問題帶來深層的哲學根據。例如，若人類乃理念自我實現的主體，那麼維護多樣性、尊重物種、節制科技發展，即是保護理念自身發展的生態場域。

結語：辯證演化的當代省思

生物演化與黑格爾辯證邏輯之交織，為我們提供一種超越還原主義與純粹機械論的生命觀。生命不是偶然產物，而是在對立與統一、突變與穩定之中實現其自由與秩序的運動。理念透過演化進程，以具體生命形式不斷顯現，最終指向精神的誕生與自由的實現。在這條從自然到理念的路徑中，演化即是辯證思維的實踐現場。

4. 當代生物科技中的黑格爾性問題

從技術突破到哲學追問

近年來，基因編輯、合成生物學與人工智慧等科技的迅猛發展，將人類對生命的干預能力推向前所未有的高度。在實驗

4. 當代生物科技中的黑格爾性問題

室中建構新型生命形式、編輯胚胎 DNA、模擬神經網路行為的這些進展，不僅徹底改變了生物醫學的實作範式，更挑戰我們對生命本質的根本理解。這不再只是技術操作的問題，而是帶出了一個深刻的哲學議題：當我們開始創造生命、重構自然，是否也進入了理念自我運動的新階段？在這裡，黑格爾的自然哲學再度提供了一個深入反思的可能性。

黑格爾視自然為理念的外在化與差異化形式，強調自然不是固定不變的結構，而是概念在對立與超越中的發展場域。這樣的理解正好對應當代生物科技所展現的能力：自然不再是靜態秩序的總和，而是可以被修改、重構、甚至創造的動態系統。然而，黑格爾同時警告：若自然之理念只被視為人類意志的延伸而遭任意操控，那麼自由的實現反而可能遭遇自我否定。因此，對於當代生物科技的進展，黑格爾性問題的提出，實則是對人類如何在理念與技術之間定位自身的一場倫理與哲學的再審。

黑格爾的自然觀與生命技術的張力

黑格爾在《自然哲學》中所描繪的自然，不是純粹的物質堆積，而是理念的對象性存在。他認為自然雖具差異性與偶然性，但其核心仍為理念的必然展現。尤其在生物體的領域，生命成為自然中最能展現概念內在目的性的形式。

第五章　自然與生命的邊界再思

然而，生物科技的發展似乎打破了這一點。在過去，生命被理解為自然生成的結果，即便其形式複雜，仍為自然邏輯之下的產物；但在今日，科學家已能藉由 CRISPR 等技術，精準地修改基因組、消除疾病、設計新種。生命似乎轉變為可被設計、組裝與優化的「人工產物」。黑格爾視自然為理念之異化，他或許會問：這樣的操控是否意味著理念進入更高的自我回歸，抑或是陷入對自然的機械支配而導致異化更深？

在其辯證系統中，黑格爾強調理念的實現需要透過否定性與超越性運動，而非單純的工具化利用。技術干預若僅從功效與控制出發，則缺乏對理念整體性結構的尊重，易使人類落入主體與對象之間的斷裂。因此，在當代生物科技的實踐中，黑格爾性問題即為：我們如何理解「創造生命」的行為？這是理念的實現，還是自由的異化？

基因編輯與倫理理念的衝突

2018 年，中國科學家賀建奎聲稱成功利用 CRISPR 技術編輯人類胚胎，並誕下兩名基因編輯嬰兒。該事件引發全球譁然，不僅是因為技術本身的突破，更因其未經倫理審查、違反學術規範的操作，震動整個生命科學界。此事件讓我們不得不面對一個根本性問題：基因編輯是理念自由實現的一部分，還是技術對自然秩序的破壞？

4. 當代生物科技中的黑格爾性問題

從黑格爾的觀點來看，問題的關鍵不僅在於行為的結果是否正當，更在於其是否根植於理念自身辯證發展的理性結構中。換言之，科技實踐若只是外在工具性的推展，而非理念在歷史與制度中自我實現的進程，那麼其發展便可能與理性精神背道而馳。賀建奎基因編輯事件之所以引發全球譴責，正是因其行動未經倫理共識的逐步建構與制度性辯證，直接越過理念規範而訴諸技術操作。若黑格爾在場，他或許會視此為理性自我異化的表現：理性不再是理念的媒介，而淪為其自身工具邏輯的僕役，從而失去了辯證發展與倫理整合的深度。

科技中的理念軌跡：創造是否等於實現？

然而，我們也不應簡化地將所有生物科技視為理念異化的表現。事實上，許多現代生技應用，特別是在疾病治療、永續農業與再生醫學領域，正是理念在人類實踐中的正向展現。例如，運用幹細胞技術修復脊髓損傷、利用合成生物技術發展可分解塑料，皆顯示人類在生物系統中尋找與自然共生、促進生命發展的可能性。

在這些實踐中，理念不再只是抽象邏輯的結構，而是透過技術展現為具體實踐的倫理形式。正如黑格爾在《法哲學原理》中指出，自由不是任意，而是「理念在現實中的實現」。若技術能在整體倫理架構中發展，則其實非異化，而是理念透過人類意志與知識進一步進入歷史實踐的展開。

第五章　自然與生命的邊界再思

關鍵在於：技術是否成為理念自我運動的媒介？若科技成為理念向倫理、整體性與自由實踐推進的力量，那麼它就是理念的實現；反之，若它僅作為控制自然、逃避責任的工具，那麼它便是異化的象徵。因此，黑格爾性問題的核心不在於技術本身，而在於技術實踐是否保持對理念發展軌跡的忠誠。

科技治理與理念辯證的交織

面對科技發展的迅速進展，全球多國開始推動科技倫理審議制度。例如歐盟設有生技倫理委員會、美國設立國家科學倫理研究所，臺灣方面，衛福部透過《人體研究法》規範人體試驗與基因相關研究，並設有倫理審查機制；科技部則於 2021 年提出《人工智慧發展原則》，推動 AI 倫理指引的建立與實踐。近年並有《AI 基本法草案》研議中，期望以立法方式將科技發展納入更明確的倫理與社會治理架構，透過公共討論與制度化審議，維繫技術進展與社會理念的對話空間。

這樣的作法呼應了黑格爾對「理性實現」的理解：自由不只是抽象的個體選擇，而是理念透過制度結構轉化為具體實存。科技若要成為理念自我發展的一部分，便須經歷倫理與制度層面的辯證，否則容易淪為工具理性與市場邏輯的附庸。這正是理性喪失自我規範時所面臨的危機。

黑格爾對自由的理解，正是對現代科技治理提供深層哲學

資源的關鍵。他認為真正的自由不是做任何事，而是依理念之邏輯與整體實踐的步伐前進。科技若能被納入這一辯證進程之中，則它不只是對自然的介入，而是對理念之深層命運的參與。

結語：生物科技的未來路徑

總結而言，當代生物科技的發展帶來了前所未有的挑戰與契機。它既是理念實現的新媒介，也可能成為異化的陷阱。黑格爾性問題的提出，讓我們不再僅從技術的結果或功效出發，而轉向追問其是否為理念內在邏輯的展現。透過辯證的方法，我們得以看見：理念不是技術的對象，而是技術的方向；科技不是終點，而是理念實現的橋梁。

因此，當我們面對基因改造、人造生命、智慧醫療等新科技時，應以整體的自由理念為指導原則，將倫理、制度與實踐整合為理念自我展開的一部分。唯有如此，生物科技才能成為自由理念的延伸，而非自然的背叛。這將是我們在 21 世紀對黑格爾自然哲學最具意義的回應。

5. 人工生命的邊界辯證

人工生命的誕生與哲學震盪

當今人工生命（Artificial Life, A-Life）不再僅止於科幻小說或理論模擬，而是透過數位演算法、生物元件與實驗合成技術進入了實驗室與產業現場。從利用 DNA 組件建構能自我複製的細胞單元，到透過程式演化模擬生物行為的虛擬生命體，人工生命似乎不僅挑戰了「何謂生命」的傳統理解，也逐步動搖了自然與人工、創造與演化之間的邊界。

這些發展不只是科技突破，更是一場哲學地震。在黑格爾自然哲學的視角下，自然生命乃理念外化之最深層展現，具有內在目的性與整體性。那麼當人類開始主動創造生命形式，是否意味著理念經由技術實踐達成自我回歸？抑或是，這樣的創造僅是機械模仿，反而遠離了理念所指涉的自由與統一？人工生命的邊界問題，實為現代思想與黑格爾體系的一項重大交會點。

黑格爾對「生命」的辯證理解

黑格爾在《自然哲學》中區分了三種自然形態：力學、物理學、有機體，並將有機生命視為理念在自然中最完整的實現。生命的核心在於內在目的性、自我維持與對整體性的統合。生

5. 人工生命的邊界辯證

物體之所以為生命，並非僅因具備複雜性，而是因其行為、形態與結構均為整體邏輯的展現。

而人工生命是否擁有這種辯證性？這是我們進行本節反思的核心。若人工生命僅是模擬既有生命的功能，例如計算、反應與適應，那麼其本質仍停留在自然之下的機械性階段。黑格爾認為唯有透過否定性與自我回返，生命才具備成為理念實現場所的潛能。因此，問題不在於人工生命能否行動，而在於它是否具備自我生成、否定與整體統合的能力。

合成生命的邊界實驗

2010 年，美國生物學家克萊格・凡特（J. Craig Venter）領導的研究團隊宣布，成功將一組完全人造的基因組植入一個空細胞，創造出第一個「由人類設計」的生命形式。這個實驗震驚全球，被稱為「合成生命的黎明」。然而，這樣的生命體雖具有繁殖與基本代謝能力，其整體功能仍由人類主動設計與構建。

從黑格爾視角出發，這樣的技術成就是否構成「理念之自然實現」？若僅是外在目的的實施——將功能強加於細胞系統，那麼其實仍未超出外在目的性的範疇。換言之，這種生命雖以生物機制運作，但其內部結構並未自我產生與辯證發展，無法進入理念運動的真正層次。黑格爾會指出：真正的生命乃概念之自我，他者之否定，而非外力之操控與複製。

第五章　自然與生命的邊界再思

演化人工智慧與數位生命的哲學爭議

人工生命並不限於細胞與生物材料。在資訊領域，數位生命（Digital Life）透過演化演算法與神經網路的演化模擬，也呈現出與自然生命相似的學習與適應行為。例如在 OpenWorm 與 Tierra 這類數位生命計畫中，研究者嘗試讓軟體實體擁有模擬演化、環境適應，甚至簡單互動行為的能力。

這些數位生命體有可能成為具有內在目的性的存在嗎？若其所有規則皆由人設計，其活動仍屬「外在驅動」的範疇。然而，一旦演化模擬超越程式原初設計，在複雜交互與環境變異中形成新的結構、模式與功能，是否可視為自我組織的一種形式？若是，則黑格爾意義下的目的性是否也可出現在非生物實體中？這挑戰了自然生命專屬理念實現場域的預設。

或許，我們需重新界定生命的界線，將其由「物質基礎」轉向「組織邏輯」。當生命不再等同於碳基生物，而是指一種能自我建構、內部調整並回應環境的結構過程時，黑格爾的生命觀也將進一步現代化，回應當代表述。

人工生命的倫理張力：理念實現或異化深淵？

人工生命的誕生，也帶來深刻的倫理挑戰。若人類能創造生命形式，是否也需為其設立倫理地位？這些生命若有意識或自我組織能力，我們是否應賦予其某種道德地位？黑格爾雖未

處理非人生命權問題，但其關於理念實現之整體性要求，提示我們不能僅以工具性眼光對待人工生命。

此外，技術化生命的過程若忽略理念整體性的規範，將使生命淪為生產性資源、人類目的的奴僕，進一步走向生命商品化與倫理異化。此處，黑格爾的批判理性提醒我們：自由不是無限制的創造，而是理念自我辯證的展現，必須透過制度、倫理與整體反思才能成立。人工生命的倫理挑戰，不在於是否能創造，而在於是否能納入理念之運動，成為自由實踐的一部分。

結語：人工生命作為哲學實驗場

綜觀當代人工生命的技術進展與哲學議題，其實已成為理念自我展開的一個全新場域。我們看見人類透過技術將理念從自然實體擴展至虛擬結構，將生命從碳基形式推進至符號與演算法的領域。這種擴展既可能成為自由理念的延伸，也可能陷入目的性斷裂的危機。

黑格爾的自然哲學為我們提供一個關鍵視角：生命不是功能總和，而是理念自我顯現的辯證歷程。人工生命能否成為理念自我實現的新階段，取決於我們是否能在技術中保留對整體、自由與倫理的忠誠。未來的人工生命，不僅是一項工程挑戰，更是一場哲學試煉。在這裡，自然、理念與技術將再次交會，開啟黑格爾式思考的當代表現。

第五章　自然與生命的邊界再思

6. 從自然到自我：意識如何可能？

自然如何生成主體？

意識是自然中最深奧、最具挑戰性的現象之一。從神經元的放電、感官刺激的處理，到反身性的思考與自我感知，意識不僅是科學的難題，也是哲學的核心問題。在這個層面上，黑格爾自然哲學的洞見提供了不同於經驗科學的理解路徑。他不將意識視為自然界的偶然產物，而認為意識是理念在自然界中的最高形式，是自由與概念運動的自我回返。換言之，意識是理念從外在他者回到自身的歷程。

當代科學多從腦神經科學、演化心理學等領域試圖解釋意識的起源，主張意識乃是大腦活動的產物，並受到自然選擇塑形。但這些解釋常停留在功能與演算法層次，難以觸及「為何會有主體經驗？」這一問題。黑格爾的辯證方法，正可用來回應這一鴻溝：自然如何生出非自然性的主體？在純粹的物質運動中，如何可能出現思考、判斷與自由的內在現象？這不僅是自然哲學的課題，更是對當代心靈哲學的積極回應。

黑格爾的意識生成論：從生命到精神

在《自然哲學》中，黑格爾並未將意識視為突兀出現的異質事件，而是將其視為理念透過自然發展所必然達到的階段。他

6. 從自然到自我：意識如何可能？

將自然理解為理念的外在展開，其過程經歷了力學運動、物理結構、有機生命，最終生成能夠反思其存在的精神形式。這條進路不是線性的，而是充滿否定與再統一的辯證動力。

在《精神現象學》中，黑格爾描述意識的生成是從「感性確定性」到「自我意識」的歷程。初始的意識僅僅是對他者的感知，但在與外界互動中，逐步意識到其感知本身的主觀性，進而產生對自身的反思。這一過程，實為理念由自然過渡至精神的關鍵步驟。黑格爾認為，精神不是對自然的否定，而是自然在其辯證運動中的揚棄（Aufhebung）。

從這角度來看，意識不是被「創造」出來，而是理念在生命中的自我辯證達成的結果。這種觀點不同於實證主義的還原論，也不同於二元論的分裂，而是一種統整性的、發展中的精神運動理解。

神經科學與意識鴻溝

現代神經科學試圖用量測與建模來解析意識的產生。例如，科學家透過功能性磁振造影（fMRI）觀察大腦特定區域在自我反思與語言處理時的活躍模式。朱利奧・托諾尼（Giulio Tononi）提出的整合資訊理論（Integrated Information Theory, IIT）認為，意識是系統整合資訊的能力，但即便如此，理論依然無法完全解釋主觀經驗的生成，亦即所謂的「難問題」（hard problem of consciousness）。

第五章　自然與生命的邊界再思

這一現象正可從黑格爾觀點得到詮釋：資訊與活動本身無法生成精神，除非它們能成為一個具備自我否定與整合的主體運動。黑格爾的辯證觀強調，「自我」不是輸入與輸出的總和，而是能反身地對其行動產生理解的主體。這種主體性無法簡單地還原為神經元之間的連結模式，而需透過整體性的運動與歷程來體現。

嬰兒意識的發展歷程

一個具體的案例可協助我們理解自然如何生成意識：嬰兒在出生後的自我意識發展歷程。研究指出，嬰兒在出生初期並不具備對自我的穩定認知，對世界的認識以感官經驗為主，尚未區分內外、我與非我。然而，隨著語言學習與社會互動，嬰兒逐漸發展出「鏡像自我」與「語言中的主體位置」，能在語言中說出「我」、認識自己在他者視角中的位置。

此一過程，即是自然生命逐漸轉化為精神主體的實例。語言的學習不僅是工具，更是意識自我回返的結構性條件。這呼應黑格爾對語言作為理念媒介的理解：語言不是表達思想的符號，而是精神顯現自身的機制。在語言中，嬰兒的意識進入辯證運動，從生理生命進入理念自我。這種轉化不單是行為或大腦連結的增加，而是一種整體性、結構性的精神躍升。

6. 從自然到自我:意識如何可能?

意識的辯證結構:否定性、反思性與自我同一

黑格爾的哲學認為,意識是透過否定性與反思性生成的。「否定性」是指意識能將經驗中的特定內容抽離、加以評價與調整;「反思性」是指意識能意識到自己的意識,即自我對自身的回返;「自我同一」則是指在多重經驗與差異中建立起一種持續而統一的主體性。

這樣的結構與當代心理學對元認知(metacognition)的描述有某種對應。元認知指的是「知道自己知道什麼」的能力,是高階思考的基礎。而黑格爾早已指出,自我意識不是知覺的總和,而是對知覺之知的能力,即一種結構性自我規定能力。這種意識的生成不是被動接受,而是主動建構,其辯證性意味著意識並非起點,而是終點,是自然透過理念自我建構之後的成果。

結語:自我作為理念的回返點

綜觀以上,意識不是自然偶然湧現的副產物,也非超自然賜予的異質性,而是理念在自然中經過生命、自我維持、語言與反思等階段的辯證產物。從黑格爾的視角看,意識的生成即是理念透過他者(自然)之否定性,重新回歸自身的過程。這使得意識成為理念在自然世界中最深刻的回返點,也成為哲學理解自由與主體的關鍵據點。

因此,意識不是對自然的逃離,而是自然自身最高層次的組

第五章　自然與生命的邊界再思

織形式。意識的出現，不僅完成自然的辯證運動，也開啟哲學對自由、人性與理念終極可能的探索之門。黑格爾對此的洞見，至今仍為我們理解「我從哪裡來、如何成為我」的重大參照。

7. 自然與生命之間的重構視野

自然與生命的界線是否仍然成立？

長久以來，哲學與科學在理解自然與生命時，傾向於將二者劃分為不同的存在層級。自然被視為物質世界的總和，依循定律運行；生命則被賦予自我調整、自我繁殖與目的導向等特徵。然而，隨著系統論、複雜性理論與生態哲學的興起，這種劃分逐漸受到質疑。生命是否真是自然中的異質存在？或許我們應重新思考，生命是否正是自然邏輯在特定條件下的有機實現。

黑格爾在《自然哲學》中即不將生命視為自然的外加層次，而是理念於自然中的具體自我顯現。他主張，生命是自然的內在邏輯之必然展開，是概念自身透過對立與否定而向有機統一體的發展。因此，生命不脫離自然，而是自然的辯證深化。我們若欲在當代語境下重構自然與生命的關係，便須從這種理念性的辯證視野出發。

7. 自然與生命之間的重構視野

黑格爾的自然有機論與生命整體性

黑格爾區分機械、物理與有機三種自然形態,並認為有機體是唯一能在內部實現統一性與目的性的存在形式。相較於機械結構的外在連結,有機體展現出「內在目的性」(innere Zweckmäßigkeit),其各部分彼此依賴、共同維持整體功能。例如植物的根、幹、葉與花雖各具功能,卻無一能獨立存在,整體生命由這些部件共同生成與維持。

這種有機整體性不是物理的疊加,也不是單向的因果鏈條,而是黑格爾稱之為「概念」(Begriff)的自我結構化力量在自然中的具體展開。理念在這裡不只是理論上的原理,而是實際賦形的生命邏輯。因此,從黑格爾視角出發,生命不僅屬於自然,更是自然之所以成其為自然的核心形態。

從生態系統到地球整體生命體

當代生態學的發展亦呼應黑格爾對自然與生命統一性的理解。尤其在「地球系統科學」(Earth System Science)與「蓋亞假說」(Gaia Theory)中,自然被視為一個具有調節機能與自我維持能力的整體。蓋亞假說創始人詹姆斯·洛夫洛克(James Lovelock)提出,地球並非只是承載生命的場域,而是一個整體性的生命體,具備氣候、水循環與物種互動的共構結構。

例如,海藻的光合作用能調節大氣中的二氧化碳濃度、森

第五章　自然與生命的邊界再思

林的蒸散作用影響氣候系統、生物與非生物元素共同維持地球的居住適宜性。這些關聯性不再是偶然現象，而構成一種整體秩序。黑格爾若面對此理論，將不會將之視為泛神論式的神祕主義，而會理解為理念透過生命實體構成具內在邏輯的自然整體。

這使我們得以將「生命」的定義從單一個體擴展至生態系統，甚至地球整體。從這樣的角度來看，生命與自然不再是彼此對立的存在，而是理念自我實現的不同層次表現。在這裡，黑格爾的整體性思維成為解讀當代生態哲學的深層語言。

珊瑚礁作為自然 —— 生命辯證的實例

以珊瑚礁生態系為例，其結構展現出極高的整合性與動態平衡。珊瑚蟲與體內的共生藻類進行光合作用、養分交換與防禦協作，不僅自身生存，還構成無數其他物種棲息的基礎。此系統一旦失衡，如水溫升高、酸化或污染，將引發白化現象，最終導致整體崩潰。

這不只是生態危機，更是自然與生命互動中「辯證關係」的崩解。在黑格爾的理解下，珊瑚礁的存在是一種理念之具體顯現，其平衡、依存與內部調整能力，正是內在目的性的自然體現。因此，當此系統被破壞，不僅是物理結構的受損，更是理念整體性的中斷。這提供我們一個強烈的當代理由，將生態保育視為哲學上的理念維繫，而非單純的物種管理。

7. 自然與生命之間的重構視野

重構視野：
自然不只是背景，生命不只是客體

傳統上，自然被當作人類活動的背景，生命則被視為實驗與利用的對象。但在黑格爾辯證體系下，自然本身即為理念的發展場域，生命則是理念在此場域中的高度結構化表現。這要求我們重構視野：自然與生命不再是物質與機能的對象集合，而是理念自我運動的動態階段。

這樣的轉變亦對當代技術倫理提出挑戰。例如，基因編輯與人工生態系統設計的發展，不僅牽涉到生物功能的重組，更意味著我們正進入理念自我組織的參與階段。若人類不能在其中以理念的整體性、目的性為引導，則所謂的「技術主體性」很可能走向理念異化，進而破壞自然與生命之間本有的辯證秩序。

結語：從重構關係邁向理念更新

在黑格爾的自然哲學啟發下，自然與生命的界線不是要被否定，而是要被辯證地重構。生命是自然之理念化的表現，自然是生命之結構場域。兩者並非各自為政，而是在理念整體性中彼此生成與支撐。

因此，當我們在今日重新思考環境倫理、生物技術與永續發展等議題時，必須回到這一基本結構：理念不只是思想的產

第五章　自然與生命的邊界再思

品,而是實存中統合自然與生命的生成動力。唯有在這種哲學視野中,我們方能擺脫主體中心論的限制,建立起自然與生命共構的人類行動模式,邁向真正符合理念之自由實現的未來。

第六章
地球與宇宙：自然的宏觀邏輯

第六章　地球與宇宙：自然的宏觀邏輯

1. 自然總體作為理念的展現場域

宇宙作為理念展開的哲學問題

自然總體是否僅是無機星系與物質能量的堆疊？它是否有更深層的邏輯結構，足以表達理念的運動？對於黑格爾而言，自然並非偶然的總和，而是一個有層次、有邏輯的理念展現場域。在其《自然哲學》中，自然不僅是理念的他在（Anderssein），更是理念自身辯證運動的階段，是從邏輯學的抽象推理轉化為具體存有的必然形態。

自然不只是理念的對象，而是理念展現自己之必要通道。透過自然的形式，理念得以從純粹思辨的自我中走向客觀世界，並在其中發展其自由與精神。因此，理解自然的總體性，不只是自然科學的任務，也是哲學對整體性的回應。

黑格爾自然哲學的整體結構

在《哲學科學百科全書》中，黑格爾將自然區分為三大層次：力學（Mechanik）、物理學（Physik）與有機體（Organik）。這不是實證科學的分類，而是理念在自然中自我展開的邏輯秩序。力學階段對應自然之普遍性與抽象運動，物理學階段呈現自然的特殊性與物質差異，有機體則為理念自我統一的具體實現，是自然邁向精神的過渡形式。

1. 自然總體作為理念的展現場域

　　這三個階段並非線性疊加，而是一種辯證遞進（dialektische Entwicklung）：每個階段在其內部發展出矛盾與限制，而驅動理念向更高層次前進。整體自然的形成即是理念透過否定、衝突與自我回返所建構的空間。而自然界的總體性，不僅體現在結構的層次性，更在於其內在的運動性與邏輯性，即理念於物質之中的現實力量。

當代表述：宇宙作為系統的結構性理解

　　當代自然科學，特別是在宇宙學與理論物理的進展下，也逐步朝向整體性理解。例如弦論（String Theory）、量子場理論（Quantum Field Theory）與多重宇宙論（Multiverse Hypothesis），皆嘗試將宇宙作為一種具有深層結構與邏輯的總體來理解。雖然其語言不同於黑格爾，但在方法論上與黑格爾對自然整體性的關注不謀而合。

　　物理學家史蒂芬·霍金（Stephen Hawking）在其作品《時間簡史》中指出，宇宙的起源與發展並非單一事件的隨機堆積，而是遵循某種內在的數學與物理邏輯。這一觀點與黑格爾對理念自我展開的觀察有著共鳴：自然不是無序的存在，而是有邏輯結構的存在，是自由理念在他在性中實現的第一舞臺。

　　同樣地，近年系統理論（Systems Theory）與複雜性科學（Complexity Science）強調跨尺度、跨層次的結構性互動。例如，地球氣候系統不只是天氣變化的集合，而是一個由能量流、物

第六章　地球與宇宙：自然的宏觀邏輯

質循環、生態互動組成的整體網絡，顯示出高度有機性與動態平衡的邏輯。這種理解恰與黑格爾所謂自然總體之「有機性統一」相呼應。

地球系統作為自然理念的展現

地球系統科學是一門新興的整合學科，致力於從物理、化學、生物與人文角度整體理解地球運作。例如「地球限度」(Planetary Boundaries)理論，強調若人類活動突破九個系統性界限（如氣候、臭氧、水循環、生物多樣性等），將會引發全球性不可逆的變化。

這種整體理解超越了過去還原式的單一因果分析，轉向一種具黑格爾意味的「結構辯證」：每一個子系統皆內含其發展邏輯與衝突，整體則是在張力中實現平衡。而這種從內部差異中建立整體秩序的邏輯，正是黑格爾哲學中「理念在他者中自我展現」的自然版圖。地球不只是生命的容器，更是理念與自由辯證實踐的場域，是精神實現的先決條件。

理念現身於自然的條件：整體性與自動性

在黑格爾的自然哲學中，理念能夠在自然中顯現，仰賴自然界自身展現出某種整體性與自動性（Selbsttätigkeit）。這些條件雖非黑格爾明言為「前提」，卻是他理解有機體、生命與理念

1. 自然總體作為理念的展現場域

具體化的重要哲學依據。整體性意指自然不是無關連之集，而是概念性地結構化的整合體；自動性則意指自然系統具有內部動力，能夠產生、維持並調整自身的運作。

這兩者，在當今地球系統與宇宙系統的觀測中獲得強烈印證。例如氣候系統的熱平衡機制、生態系的食物鏈重組、甚至銀河的旋臂結構與引力均衡，皆展示出一種非外部驅動、內部生成的秩序力量。理念並非神祕的外在力量，而是潛藏於自然運動之中，經由物質結構與能量流動逐步顯現。正是在這種觀點下，自然不再是人類支配的他者，而是理念自我顯現的空間場域。

結語：自然的總體性與理念之邏輯空間

綜上所述，黑格爾對自然總體的理解，並非將自然視為被觀察的物件，而是理念實現自身的第一步。自然界之所以成為宇宙，不是因為它廣大無邊，而是因為它具有邏輯結構、層次張力與內在目的性。從物理規律到生態結構，從行星運行到生命出現，自然中的每一層展現，都是理念在他者性中努力回返自身的軌跡。

因此，我們今日重思自然，不只是為了解生態、氣候與資源，更是為了重新了解自由的起源。自然並非單純的背景或材料，而是理念最初的現身舞臺。在此舞臺中，理念不再抽象，而是透過風、石、河、星與生命，寫出自由之歷史的第一章。

第六章　地球與宇宙：自然的宏觀邏輯

2. 天體運行與宇宙秩序的哲學意涵

秩序只是觀察結果，還是理念結構？

從古希臘以來，天體運行便是哲學思考的起點。畢達哥拉斯學派認為宇宙中蘊含和諧的數字秩序，柏拉圖在《蒂邁歐篇》中則以理念與比例解釋宇宙的構造。亞里斯多德更提出了「第一動者」的概念，使宇宙秩序具有目的論基礎。而在現代，自伽利略、牛頓至愛因斯坦，天體運動逐漸被納入數學化的自然法則之中。

然而，黑格爾的問題並不止於「秩序是否存在」，而是「秩序的存在如何揭示理念？」對他而言，宇宙秩序不只是自然現象的表層表現，而是理念在自然之他者中自我表達的形式。黑格爾並未否定科學對天體運動的精確描述，而是進一步強調這些秩序背後的邏輯結構、辯證張力與目的性意涵。

黑格爾的天體運動觀：必然性與抽象自由的對應

在《自然哲學》中，黑格爾將天體運動歸入力學範疇，認為這是自然最抽象的運動型態。行星以穩定軌道運行，表現出極高的規律性與數學對稱。這種規律性代表自然的「必然性」（Notwendigkeit），其意義在於理念在他者中呈現出自我一致性。

但黑格爾進一步指出，這種機械式必然性仍屬「抽象自由」（abstrakte Freiheit），即理念尚未內化於對象自身，只是外在形式的顯現。天體雖顯現秩序，但無有機性、自我規定或內在目的性，仍在自由理念運動的初階。

也因此，黑格爾強調：天體之秩序雖具形式之美，但尚未進入生命與精神的具體自由。行星之運行是理念在自然中「安置自己」的第一步，但非其完成。這種觀點，使黑格爾自然哲學中的宇宙秩序具有一種過渡性與預示性的地位，是自由理念透過自然必然性邁向更高層次的階段。

從牛頓到愛因斯坦的宇宙秩序

牛頓的萬有引力理論確立了天體間作用力的普遍法則，並讓科學得以預測與模擬宇宙運動。但 20 世紀初，愛因斯坦的相對論革命顛覆了絕對空間與時間的觀念，提出時空本身即是動態的，並受到物質與能量影響而彎曲。這使得宇宙秩序不再是靜態幾何的總和，而是內含變動性的場域結構。

這一轉變與黑格爾的辯證邏輯有高度對應：理念的展現不是靜態形式，而是動態、自我調整的過程。尤其廣義相對論強調「時空結構與物質運動的互動性」，正對應黑格爾所言理念與其他者之間的交錯與統一。宇宙秩序不再是單向推演的必然性，而是多層次相互影響的結構總體。

第六章　地球與宇宙：自然的宏觀邏輯

此外，當代宇宙學對「暗能量」與「暗物質」的研究亦揭示，我們所知的宇宙僅為全體的5%左右，其餘95%的部分仍未知、不可觀測。這提醒我們，宇宙秩序雖展現出形式規律，但其背後仍蘊藏大量未被理念捕捉之內容。這種潛在性的存在，也與黑格爾哲學強調「理念總在展開中、不斷自我深化」的觀點相呼應。

日心說的歷史與哲學意涵

哥白尼推翻地心說，開啟了日心宇宙觀的新時代。此一轉向不僅是科學革命的代表，也是哲學理解宇宙秩序的一大突破。黑格爾雖未詳論哥白尼，但他在《哲學史講演錄》中指出，這一革命展現了理性對自然的重新定位，象徵理念不再服膺於感官經驗，而是由邏輯與思辨指導自然理解的方式。

日心說打破人類中心的位置，使自然不再以人的直觀為中心，而必須納入更高階的思辨結構。黑格爾式的宇宙觀，在此得到具體實踐的歷史回應：理念不再附著於主觀中心性，而是透過自然秩序顯現自身之普遍性。

從今日觀點回看，哥白尼的革命不僅是觀測的更新，更是自然與理念關係重構的起點。宇宙秩序不再為了滿足人類感知而存在，而是在其本身邏輯中顯現其結構性與可理解性。這種結構性的可理解，正是理念實現的徵兆。

結語：秩序與自由之間的哲學橋梁

黑格爾對天體運動的哲學處理，使我們不再將宇宙秩序僅視為自然科學的觀察對象，而是理解理念如何在自然中展現自身的一部分。這一秩序，是自由理念於自然之中展現出其一致性與自足性的起點。

宇宙秩序是理念在物質界的初始章節，在行星軌道、恆星生命、重力場的規律中，我們看見自由尚未具體化的形式顯現。當我們仰望星空，我們不只是在觀看一個物理世界的運動，更是在參與理念之初步實現的宇宙交響。這正是黑格爾宇宙觀的深層哲學意涵，也是我們當代對自然總體性思考的基礎場域。

3. 地球作為生命孕育的特殊性空間

何以地球成為生命的條件場域？

在浩瀚無垠的宇宙中，地球顯得既微小又特殊。從當代天文觀測所知，太陽系乃至銀河系中並非缺乏具備類似條件的行星，但地球卻是目前唯一已知孕育並持續維繫生命的星球。這樣的特殊性引發了從自然科學到哲學的深層探問：為何生命會在地球上出現？其所依憑的條件僅是物理與化學的巧合？還是有更高層次的邏輯與理念在背後運作？

第六章　地球與宇宙：自然的宏觀邏輯

　　黑格爾自然哲學雖誕生於 19 世紀初，但其對自然總體、理念運動與精神生成的辯證理解，正好為地球特殊性的問題提供一條非還原論的反思路徑。在這裡，地球不再僅是生命的背景，而是理念在自然中邁向自我顯現的關鍵階段，是由抽象秩序轉向具體有機統一的場域。

地球的有機結構：黑格爾對自然整體的理解

　　在《自然哲學》中，黑格爾對地球並無專章處理，但其對有機體（Organik）的分析可視為理解地球結構的哲學基礎。黑格爾指出，有機體的本質在於其整體性與內在目的性，即部分之間並非偶然拼湊，而是彼此依賴、相互建構的辯證關係。這種觀點可延伸至今日的地球系統：從氣候調節、水循環、地質演化到生態多樣性，地球並非機械裝配，而是一個可自我維持、自我調整的系統性整體。

　　黑格爾將自然理解為理念的外在化，而有機體則體現了理念的整體性與自我運動能力（Selbsttätigkeit）。地球作為目前唯一已知擁有有機生命的行星，於此展現出理念由自然邁向精神的進程。從火山運動所維持的碳循環，到海洋的熱量吸收與釋放，從極地的反照率平衡到雨林的氧氣產出，每一個局部作用均內含全球性意義。正如黑格爾在自然哲學中所強調的──整體與部分之間具有辯證性的相互依存關係，我們可以理解為：「整體性在每一局部中都以某種方式被預示或內含」。

3. 地球作為生命孕育的特殊性空間

科學如何理解地球的特殊性？

近年來，天文生物學（Astrobiology）與地球系統科學嘗試整合不同領域以解釋地球作為生命孕育場域的條件。該領域強調「適居帶」（Habitable Zone）的概念 —— 即行星需位於特定距離以維持液態水；同時也需具備穩定的恆星輻射、磁場保護、大氣組成與自轉週期等條件。

然而，正如物理學家保羅·戴維斯（Paul Davies）所指出，這些條件雖可量化，但其協同效應難以用單一因果線性解釋。他主張生命的生成更可能是一種結構性出現（emergence），須理解多重因素如何形成整體性協調。這與黑格爾對有機整體的理解驚人一致：自然不是外在條件的疊加，而是概念性邏輯在物質中的具體展現。

此外，地球的特殊性亦體現在時間性上。從地球形成至今已逾 45 億年，生命在其中出現、演化與複雜化的歷程，展現出一種非隨機的方向性。例如，真核細胞的出現、光合作用的發明、大氣含氧量的上升等關鍵轉折，皆需特定條件與長時間的穩定運作。這種「時間與條件的協同辯證」，即是理念從自然生成向精神開展的歷史運動。

第六章　地球與宇宙：自然的宏觀邏輯

地球與火星的差異

火星是太陽系中與地球最為相似的行星，擁有極冠、氣候變化與曾有水流痕跡。然而，儘管地質條件類似，火星目前並無明確的生命跡象。NASA 與 ESA 的探測任務仍未發現活性生物或有機遺跡。其大氣極稀薄，磁場微弱，無法有效阻擋太陽風，導致水與熱量無法長期留存。

若從黑格爾的視角來看，這並非偶然事件，而可理解為理念尚未在火星形成有機統一性。火星雖具有自然規律，但未具備讓整體彼此調節、自我維持的條件，因此仍停留在自然理念的抽象階段。而地球之所以獨特，正因其進入了辯證結構的高階層次，是自然自我生成的概念場域。

此一對比讓我們重新理解「地球中心性」的哲學意涵：不是返回中世紀的地心說，而是肯定地球在理念展開中作為關鍵節點的角色。這種角色是自然邏輯發展到一定層次後所形成的結果。

結語：地球作為理念的孕育場

綜觀以上，地球的特殊性不應僅從自然科學的條件列表理解，更需從黑格爾哲學的理念運動結構進行詮釋。地球是理念由自然向精神過渡的邏輯轉折點，是抽象必然性向具體自由性的第一轉化。

在地球上，我們看見自然邁向自由的準備：從有機體的誕生，到生態系的構築；從大氣與地殼的互動，到生物與環境的共演。這些不只是現象，更是理念自身的活動。黑格爾提醒我們，理念不是超驗實體，而是存在本身之邏輯。地球，就是理念在自然中說出自身的第一聲語言。

4. 地球系統的整體性與有機性特質

從物質球體到有機系統的理解轉向

地球作為自然界的一部分，是否僅是行星運行中的一顆物質球體？還是蘊藏著某種更深層的有機秩序？對於黑格爾而言，自然不僅是空間中的物質分布，更是一個由理念展開的結構性整體，而地球正是其中最能展現有機統一性的中心之一。

地球並非無生命之物的拼湊，而是一個能夠自我調節、互動與再生的有機整體。從這個角度看，地球不只是物理存在，更是一個哲學問題，是理念如何具體化於自然世界、並以有機形式實現自身的一個關鍵範例。這一轉向，正是從地球作為「自然客體」過渡到「有機理念場域」的思維進程。

第六章　地球與宇宙：自然的宏觀邏輯

黑格爾的有機自然觀：從機械總和到內在統一

在《自然哲學》中，黑格爾區分了機械、物理與有機三個自然層次。其中，有機層次是自然邁向理念回歸的關鍵階段。在此層次中，自然不再僅以外在因果律運作，而是展現出內在統一的能力——整體先於部分、功能整合於結構、個體不再是獨立單元，而是全體之有機環節。

地球恰好提供這樣的例證：其大氣、水圈、岩石圈與生物圈之間的交互作用，並非單一因果關係可解釋，而是多層次、非線性且高度整合的有機運作。這樣的結構體現出理念在自然中的實在性——不僅存在於形式邏輯中，更透過地球這個具體系統展開。

黑格爾認為，有機體的特徵在於其自我維持與再生能力，這使得它與外在物質總和區分開來。這個概念若應用於地球本身，即顯示出其作為整體系統的獨特性——不只是生命的容器，而是一個促成生命發展的主動場域。

地球系統科學與有機整體觀

現代地球科學亦逐漸朝向整體性理解。地球系統科學（Earth System Science）將地球視為一個開放的、由各圈層彼此交互的複合系統，並指出其具有類似生物體的「自我調節」與「邊界維持」能力。這與生物體維持體內恆定（homeostasis）的概念類似。

4. 地球系統的整體性與有機性特質

最著名的便是詹姆斯・洛夫洛克（James Lovelock）提出的「蓋亞假說」（Gaia Hypothesis），主張地球整體如同一個生命體，其氣候、化學組成、生物分布彼此耦合，維持一種動態平衡。儘管此理論在科學界仍有爭議，但其整體觀念卻已深刻影響全球環境倫理與系統科學發展。

這種整體有機觀與黑格爾的自然理念論不謀而合。理念不僅存在於人類理性中，更作為自然內在秩序的實質動力，在地球這樣的系統中顯現出其自我調整與統合的能量。從理念邏輯的角度來看，地球系統即是理念在自然中發展到有機階段的外在展現。

氣候變遷與系統反應的哲學理解

以氣候變遷為例，全球暖化不僅是氣溫上升，更是地球系統整體動態失衡的警訊。極端氣候、冰川融解、海洋酸化與生態崩解皆不是孤立事件，而是多重子系統的連鎖反應。

黑格爾強調理念的發展總是在矛盾中前進：地球系統的失衡正是一種理念在自然界遭遇自我限制的表現。當人類活動與自然規律產生衝突，地球的有機性結構便會以某種形式回應或調整。這種調整並非出於意志，而是整體系統之內在邏輯的運作結果。

因此，我們不應僅以技術方法應對氣候問題，更應理解其

第六章　地球與宇宙：自然的宏觀邏輯

背後的理念結構。若忽視地球作為有機整體的特性，我們將誤將危機視為「技術性問題」而非「理念性挑戰」。黑格爾若身處今日，勢必會指出：唯有回到自然的整體性與理念結構，方能真正理解與回應地球當前所面臨的危機。

有機性作為理念實現的契機

從黑格爾的視角來看，地球不只是理念運動的客體，更是理念運動的載體。地球有機性的特徵——如非線性調節、組織統合、生成性與破壞性共存——皆可視為理念內在張力的自然顯現。這使地球成為自然中最具哲學意涵的存在之一。

這種有機性不只是生物系統的特徵，也能應用於整個地球層級。地球系統具備自我防禦與回饋結構，具有從混亂中尋求新秩序的能力。這恰呼應黑格爾對理念「在他者中實現自身」的描述，地球的運行邏輯即為理念辯證進程的具體實驗場。

結語：地球作為理念的生成系統

綜上所述，地球不僅是一個行星，更是一個能夠在自然中展現理念邏輯與有機統合的場域。從系統性運作、氣候調節、生命維持到反應調整，地球體現了自然界最高層次的理念結構。

黑格爾的自然哲學提醒我們：若要理解自然，不可僅從片段、機械的角度出發，而應從整體、有機與辯證的觀點回應。

地球作為自然理念的載體，提供了我們反思人類行動、科技發展與倫理關係的新基礎。

在當今氣候危機與生態失衡的時代，地球不僅是我們居住的星球，更是理念自我展現、自我鬥爭與自我重建的哲學舞臺。

5. 地球倫理的自然哲學基礎

從倫理中心主義到自然整體責任

當代全球性危機——氣候變遷、生態毀損、生物多樣性喪失——已迫使人類重新審視倫理的對象與範圍。傳統倫理學以人類為中心，關注人與人之間的義務與正義。然而，當我們面對的是地球系統的不穩定與整體崩壞，倫理的出發點也必須從「人本中心」轉向「地球整體」。這正是自然哲學在當代表述中重獲意義的關鍵場域。

黑格爾的自然哲學雖未明言「地球倫理」，但他對理念在自然中的運動與整體性展現，提供我們建立地球倫理觀的一個深層哲學基礎。地球不只是資源供應者，更是理念在他者中實現自身的場域；人類並非地球的主宰，而是理念展開進程中的一部分。因此，真正的地球倫理不應是加在自然之上的義務，而是來自對自然理念結構的認識與實踐回應。

第六章　地球與宇宙：自然的宏觀邏輯

黑格爾與自然內在價值的辯證可能

傳統以來，西方自然觀多將自然物視為工具性存在，其價值來自人類使用。然而黑格爾的理念論則不同，他主張自然是理念自我展開的必要階段，而非人類的對象或手段。理念是在自然之中透過差異、自我否定與統合逐步實現自身。

這種觀點賦予自然以內在價值（intrinsic value）：自然不是因對人有用而值得保護，而是因其自身即是理念的歷史與表現。山川草木、風雲海洋乃至整體生態系，不僅是存有，也是理念自我實現的步驟與形式。從這個角度出發，保護自然不只是環保行為，更是哲學上對理念整體性的尊重與維護。

因此，地球倫理的核心問題，並非如何「為人類保護自然」，而是如何「在自然中實現自由理念」。倫理從以人為主的責任制度，轉化為參與理念運動的實踐姿態，這是黑格爾自然哲學在當代表述中可以提供的嶄新視角。

深層生態學與理念自然觀的交會

深層生態學（Deep Ecology）運動提出「生物中心平等論」，主張所有生物都具有同等的生存價值。其代表人物阿納・奈斯（Arne Næss）認為，人類應放棄支配自然的態度，轉而尋求與自然共生的價值框架。

5. 地球倫理的自然哲學基礎

這種思想雖與黑格爾立場有所不同，但雙方皆否定人類中心主義，並強調整體性的重要。奈斯強調「自我實現」(Self-realization) 是一種與生態整體結合的歷程，而黑格爾則主張「自由理念」須透過他者性完成其實現。兩者皆指出，倫理不再是形式規則，而是一種與存在結構深層共鳴的行動。

在這樣的脈絡下，地球倫理不再只是政策議題，而是人類在理念結構中所承擔的本體性責任。這責任是內在於我們作為自然與理念交界處存在者的存有方式。

全球氣候治理中的理念張力

當前國際社會對氣候變遷的治理行動，最具代表性者為《巴黎協定》。該協定強調全球合作減碳、強化適應力與公平轉型。其邏輯上固然來自國際政治與科學共識，但從哲學角度分析，其背後實蘊含著對地球整體性的倫理回應。

然而，各國之間對義務分配與責任程度的分歧，也暴露出人類社群尚未真正接受理念的普遍性與整體性原則。黑格爾哲學中的理念，是一種不斷辯證、克服對立的結構；因此全球治理的進展，不應僅追求最低共識，而需推動一種內在於整體自然結構的倫理深化——使制度不僅服膺於現實力道，更能成為理念實踐的工具。

地球倫理的挑戰在於：如何讓人類行動納入整體理念運動

第六章　地球與宇宙：自然的宏觀邏輯

之中，使法律、制度與技術手段不再只是人類意志的表現，而是自然與理念共同結構下的責任實踐？

黑格爾自然哲學對當代倫理的貢獻

在面對地球危機時，黑格爾自然哲學的貢獻在於提供一種理解自然與人之間關係的深層模式。他指出：理念的展現並非完成式，而是過程，是「在他者中實現自身」。這使我們得以將倫理視為參與理念之歷程，而非支配自然之權力。

因此，所謂地球倫理，並非對自然施加某種價值或保護，而是將人類自身納入自然的辯證進程中。唯有如此，倫理行動才能避免沾染工具理性的色彩，轉而成為理念自由在現代社會中的具體實踐。

結語：地球倫理作為理念辯證的倫理形式

總結而言，地球倫理不應建立於對自然的外部控制或情感投射上，而應根植於理念運動的自然形態之中。黑格爾哲學提供我們一條嶄新的倫理路徑：透過理解自然的理念性、整體性與自我運動，我們得以重新構築一種非主體中心、非工具導向、而是理念參與的倫理形式。

在這種倫理觀中，人類不再是地球的主角，而是理念歷程中的一環，肩負著參與、理解與維護自然秩序的歷史角色。這

樣的倫理，不僅能回應當代生態危機，也能為未來的自然哲學與社會實踐，提供堅實的思想基礎。

6. 宇宙觀的轉變與黑格爾體系的延展

從地心宇宙到多重宇宙 —— 觀念與體系的演進

人類對宇宙的理解，從早期的地心說、日心說，發展到現代的相對論宇宙、量子場宇宙，甚至是多重宇宙論（Multiverse）。每一次宇宙觀的轉變，都是對自然理解方式的根本重構，也對哲學思維的架構帶來深遠衝擊。黑格爾雖生活於 19 世紀，尚未見證當代天文物理的革命，但其理念運動的體系，為我們理解宇宙觀的演進提供一種超越經驗的結構理論框架。

黑格爾不將宇宙視為被觀察的靜態總體，而是理念在自然中透過對立、否定與統合所展現的辯證進程。若將此觀點套用於宇宙觀的變遷上，便能理解科學宇宙圖像的轉化不僅是數據與模型的更新，更是理念結構對自然表象的不斷調整與深化。宇宙觀的每次轉變，都是理念如何在自然現象中回應其自身發展矛盾的表現。

第六章　地球與宇宙：自然的宏觀邏輯

黑格爾體系中的宇宙位置：有限性中的無限邏輯

在黑格爾體系中，自然或宇宙並非外部的實體，而是理念外在化於「他者性」中的展現形式。依其《自然哲學》，宇宙呈現為理念透過物理運動、有機秩序逐步實現其自由的歷程。這一歷程是一種在有限中呈現無限性的辯證運動，體現了理念自身的邏輯實現。

宇宙的有限性體現在時空、物質與能量的條件限制；而其無限性，則在於這些限制中所蘊含的自我超越力量——即理念透過自然形式而不斷自我推進的結構。例如天體運行的規律既顯示自然的必然性，也顯示理念對秩序的實踐能力。黑格爾的哲學讓我們理解宇宙不是封閉體，而是一種理念發展中的現實舞臺，是自由透過限制實現自身的張力場域。

宇宙觀轉變的哲學意涵

從牛頓的決定論宇宙到愛因斯坦的時空彎曲，再到量子物理的不確定性，宇宙觀的轉變揭示了自然本質不再是穩定、可預測的，而是充滿偶然性、相互作用與非線性秩序。尤其在量子理論與弦論中，宇宙被理解為場的振動與資訊的構造，甚至可能存在多重實境平行發展的結構。

這些新科學宇宙圖像雖語言不同於黑格爾，但在結構層次卻與其理念邏輯相通。黑格爾強調，自然不是靜態之物，而是

理念的自我差異化歷程。宇宙的多樣性與不可預測性，並不意味自然無序，而是理念透過他者性之辯證運動的當代表現。

現代宇宙論所揭示的初始條件（如宇宙暴脹）、暗能量的擴張機制與量子糾纏現象，使我們逐漸意識到：自然的根本不僅是物質的惰性存在，更呈現出高度結構化與動態關聯性。若從黑格爾哲學觀點來看，這種對自然「關係性本質」的認知，可視為理念在現實中展現其內在邏輯的一種現代科學回聲。

從大霹靂到多重宇宙的黑格爾式閱讀

大霹靂理論（Big Bang Theory）指出宇宙起源於極高密度與高溫的奇點，此後不斷膨脹與演化。這種從一點爆發出多元結構的進程，若以黑格爾的辯證視角來看，便是一種「由同一性導向差異，並由差異返回統一」的理念運動實例。

更進一步，多重宇宙論則主張我們所處之宇宙僅是多重實境之一，其他宇宙可能具備不同物理常數、法則與邏輯。這種宇宙觀顛覆了過往「唯一真實」的觀念，帶來一種結構性的相對論宇宙。若按黑格爾體系理解，此非對真理的否定，而是對理念多樣實現形式的承認，是自由在具體多樣中完成其普遍性的進程。

在這些科學進展中，理念不再是形上抽象，而是自然之中不斷更新其實現條件的動力結構。黑格爾若在世，或許會將這

第六章　地球與宇宙：自然的宏觀邏輯

些宇宙理論視為「自然的邏輯學」持續延展的證明，是理念透過否定、辯證與結構創新而深化自身的例證。

宇宙觀對哲學體系的回饋與挑戰

宇宙觀不只是自然科學的知識場域，也是哲學體系的反思資源。每一次自然圖像的重構，都要求哲學重新定義「存在」、「可能性」、「自由」與「總體性」等核心概念。黑格爾哲學的開放性正顯示出其能在不同時代接受宇宙圖像的挑戰，並將其納入理念體系的再展開中。

例如，在多重宇宙論中，存在的多樣性挑戰了邏輯一元論，但黑格爾式的邏輯並非排斥差異，而是透過差異建立統一、透過否定肯定存在。在這意義下，當代宇宙觀的結構性與多樣性，不是對黑格爾體系的危機，而是其延展的機會。

結語：宇宙作為理念辯證的擴展場域

總結而言，當代宇宙觀的轉變為黑格爾體系帶來兩大啟示：第一，理念的自然展現不再局限於單一宇宙，而可擴展至多重現實的邏輯關係中；第二，自然不只是理念之他者，更是理念能在其中不斷辯證與重構自身的現實基礎。

宇宙不再是固定舞臺，而是理念與自然共構的辯證場域。在星系碰撞、黑洞塌縮、量子糾纏與結構生成的動態之中，黑

格爾式哲學得以更新其邏輯學、自然學與理念論，使我們不僅思考宇宙如何生成，也思考理念如何透過宇宙自我完成。

這是對現代自然觀最具潛能的哲學回應，也是黑格爾體系在 21 世紀的再生節點。

7. 自然界中的理性結構與偶然碎片

秩序與偶然之間的張力

自然界既展現出令人驚嘆的秩序——如行星軌道、分子結構、生態系統的協調平衡——同時也充滿偶然與不確定：如地震、基因突變、隕石撞擊與物種滅絕等非預期事件。這種理性與偶然的交織，是自然世界的本質特徵，也是自然哲學自古以來的難題。

對黑格爾而言，自然界的理性並非外加的形式，而是理念自我展開過程中的內在結構；偶然性（Zufälligkeit）則是理念於自然界自我異化與限制的表現。因此，偶然不是與理性的對立面，而是理念於物質層次尚未實現整體性時所呈現的必要現象，是理念從抽象到具體、自我辯證的一部分。在這一視野下，理解自然中的理性與偶然，不僅是自然科學的問題，更是理念運動的展現場域。

第六章　地球與宇宙：自然的宏觀邏輯

黑格爾自然哲學中的偶然性位置

在《邏輯學》中，黑格爾區分了「必然性」(Notwendigkeit)與「偶然性」的辯證關係。他指出，真正的必然性不是消滅偶然，而是從偶然中顯現出其邏輯結構。亦即，偶然並非全然無序，而是理念於其發展過程中所遇之限制與他者性的一種形式。

黑格爾在《自然哲學》指出，自然的生成包含多重層級：力學的對稱、物理的特性、有機的整合——而每一層級中皆有理念未能完全實現其整體性的斷裂點。這些斷裂即是偶然性的根源。例如，天體的運行高度可預測，但地殼變動則充滿不確定性；物理常數穩定不變，但生物演化卻時常受到隨機變異的驅動。黑格爾認為，這種混合體制是理念自我辯證未完成狀態的顯現，是自由尚未完全具體化的歷程證據。

混沌理論與量子不確定性

當代自然科學對偶然的理解，尤其以混沌理論與量子力學的進展為代表。混沌理論指出，即便在決定論系統中，也可能因初始條件微小差異而導致劇烈不同的結果——這正是「蝴蝶效應」的基礎。而在量子物理中，海森堡的「不確定性原理」(Heisenberg's Uncertainty Principle)揭示，微觀粒子的行為無法同時確定其位置與動量，顯示自然在最基礎層次上即包含無法完全預測的偶然性。

7. 自然界中的理性結構與偶然碎片

這些觀察與黑格爾對偶然性的理解並不衝突。黑格爾不主張自然中皆有表層規律可循，反而指出偶然性是理念與自然的差異性張力，是理念尚未完成自我統合的跡象。混沌理論與量子現象的偶然，正揭示理念與自然界之間仍存在辯證運動的張力地帶，而非理性失效的徵兆。

從這一觀點來看，偶然事件不應被排斥於自然理性之外，而應作為理念發展過程的必要中介 —— 理念非憑空完成其自由，而是透過與限制之交鋒、在不可控的實踐中逐步顯現。自然科學對偶然的描寫與黑格爾哲學對自由的歷程性理解，在此形成對話與補充。

生物演化與突變的偶然性

達爾文演化論中的「自然選擇」機制建構在遺傳變異之上，而這些變異通常是隨機產生的 —— 即所謂的突變（mutation）。某些突變可能造成個體缺陷，另一些則賦予適應性優勢，進而影響物種存續與變化。

這一過程似乎與黑格爾所謂的「理念辯證發展」有張力：理念若為邏輯的自我發展，如何容許如此大幅的偶然性？然而，若我們從黑格爾哲學中的「否定性」與「揚棄」概念思考，便可理解突變並非對理念秩序的破壞，而是一種理念於自然中與他者互動、自我更新的方式。

第六章　地球與宇宙：自然的宏觀邏輯

突變事件本身為偶然，但其是否得以存續、擴張或揚棄，則依賴整體生態環境與物種結構之邏輯關係。因此，偶然是自由理念在自然中邁向具體化過程的必經過程，是理念透過他者走向自我統合的具體痕跡。演化的歷程，便是理念在物質界透過突變與適應的實踐方式，展現自由於自然的歷史。

偶然碎片的意義：自由尚未完成的形式

黑格爾在《邏輯學》中指出，偶然不是絕對的混亂，而是「尚未納入總體之中的要素」，是理念在前進過程中留下的碎片。這些碎片既指向理念的局部化與具體化，也提醒我們理念之實現永遠是未竟之業。

在這意義下，偶然性是自由尚未完成的形式，是理念在他者中尚未統合自身的標記。自然界中的災變、突發現象、邊界現象，皆是理念仍與物質異質性搏鬥的結果。這種觀點鼓勵我們不將偶然視為威脅或失序，而是將其視為參與理念之運動的歷史性中介。

結語：理念與碎片之間的辯證現場

總結而言，自然界中理性結構與偶然碎片的交錯並非對立，而是理念於自然中運動的不同面向。理性展現理念已統合之處，偶然則標記理念尚待完成的層面。黑格爾的自然哲學提醒

7. 自然界中的理性結構與偶然碎片

我們：自由不只是實現的終點，更是透過他者、不確定與限制展現的歷程。

因此，面對自然的不穩定、不確定與突變，我們不應以純粹控制心態應對，而應以理念辯證的理解與尊重看待。唯有如此，我們才能在偶然的碎片中，看見理念尚在發展的軌跡，也才能在自然的裂縫中，發現自由可能的曙光。

第六章　地球與宇宙：自然的宏觀邏輯

第七章
自然與精神的過渡機制

第七章　自然與精神的過渡機制

1. 精神的自然起源問題

精神是自然的產物,還是超越自然的他者?

在人類思想史中,精神(Geist)一直被視為與自然界本質不同的存在。無論是笛卡兒的心物二元論,或康德的先驗主體論,皆認為精神擁有某種與自然脫鉤的自律性,難以從自然運動中解釋其生成。相對而言,黑格爾的自然哲學與精神哲學提供了另一種理解路徑:精神不是超越自然的異質性,而是理念於自然中透過否定、統合與自我返照所生成的結果。

因此,精神之為可能,不是由自然偶然產生的附屬,也不是先驗預設的主體,而是理念在自然發展過程中所必然抵達的歷程性產物。本節即以黑格爾體系為基礎,重新審視精神的自然起源問題,並嘗試在當代神經科學、演化生物學與哲學人類學之間建立辯證對話。

黑格爾自然哲學中的精神萌芽

黑格爾在《自然哲學》中指出,自然界的最高階段是有機體,而精神的出現是有機整體在內在目的性與自我再生中發展出的自我意識。他不認為精神憑空出現,而是自然系統透過組織性結構與否定性動力逐步展現概念的自我。

在其《精神現象學》序論中,他明確地將精神視為「理念對

1. 精神的自然起源問題

自身的知覺與認識」，而非單純理性功能。精神的產生來自意識與外界的交互，從感知、知覺、理性到自我意識，正是理念從自然性（Natürlichkeit）中逐步脫胎、揚棄其偶然性與有限性而邁向普遍性的歷程。因此，精神並非對自然的否定，而是自然理念自身運動的超越形式。

演化與神經科學的支持與挑戰

當代演化心理學與神經科學提供了一些對精神起源的自然解釋。人類大腦皮質的擴張、語言能力的演化、鏡像神經元的發現，皆顯示出精神活動並非突如其來，而是漸進演化與腦神經結構共演的結果。這些實證研究支持黑格爾的看法——精神並非超越自然的插入，而是在自然發展中透過組織化與再反思所形成的結構結果。

但這些研究同時也引發新的問題：神經活動與精神經驗之間，是否存在不可簡化的鴻溝？「硬問題」即主觀意識的生成——為何物理活動能帶來第一人稱經驗——尚無科學解答。正如黑格爾在《精神現象學》中所展示的，精神並非一組功能的總和，而是理念對自身的認知歷程——透過感知、知覺、自我意識、倫理實踐等發展階段，實現其作為自由主體的歷史完成。從這角度來看，若神經科學揭示了精神的物質機制，那麼精神之所以為「精神」，仍需藉由哲學對理念的辯證詮釋，才能理解其自身存在的意義。

第七章　自然與精神的過渡機制

嬰兒意識的發展與自然根基

　　精神不是先驗灌注，而是透過自然與社會交織漸漸形成。嬰兒在初生時雖具感官功能與反射行為，但其對自我與他人的辨識仍極為有限。研究指出，大約在出生後十八個月，嬰兒才開始有「鏡像自我」的辨識能力 —— 這表示其意識開始從生物反應升級為自我參照。

　　進一步來說，語言學習與社會互動的過程正是精神萌芽的關鍵場域。嬰兒透過他人語言、表情、規範與期望，逐步建立「我」的概念與主體性認知。黑格爾在《精神現象學》中所說的「主奴辯證」，在此有著實踐版本 —— 嬰兒在他人期待中產生自我意識，在社會性承認中獲得主體性定位。此一歷程深具自然基礎，但其發展方向已然超越自然反應，是理念從物質與感官中誕生的開端。

精神作為自然的揚棄與回歸

　　黑格爾主張「精神之道乃是由自然返身於自身的道路」，即精神不是純粹反自然，而是自然之理念的揚棄（Aufhebung）。這裡的「揚棄」包含否定、保存與超越三重意涵：精神否定自然的被動性，保留其結構條件，並在此基礎上展開自由與歷史性實踐。

1. 精神的自然起源問題

舉例而言，人類的語言並非純粹自然反應，但其形成依賴聲帶構造與聽覺神經的演化——自然賦予條件，精神則將其符號化與概念化；同樣地，道德行為、藝術創作與宗教體驗皆源於自然感性，卻又超越感性，在理念結構中實現意義的歷史構成。這正是黑格爾辯證邏輯的展現：精神是自然理念化的歷程終點，同時也是理念從外在性向自我展開的新起點。

結語：自然與精神的連續性與斷裂性辯證

總結而言，精神既非自然之外的他者，也非自然之內的簡單延伸，而是自然在理念邏輯中透過否定、重構與自我反思所生成的歷史性存在。黑格爾的自然哲學提供我們一種超越二元對立的理解框架：精神並非對自然的排拒，而是自然理念之自我返照與完成的辯證產物。

在當代表述中，精神的自然起源問題必須被理解為跨越科學與哲學、經驗與概念的中介地帶。我們不僅要理解精神如何可能從自然產生，也要理解精神如何能回應自然、轉化自然，最終使理念透過自然而實現自由。

2. 身體與靈魂：人之雙重性辯證

人是一還是二？

自古以來，哲學家們常以「身體與靈魂」之分，來理解人的存在。柏拉圖主張靈魂為真實自我，身體為囚籠；而笛卡兒則以心物二元論區分延展與思維。這些思維都預設「人」是由兩種異質實體構成，其問題在於，如何理解這兩者的結合，與它們之間的作用關係？

黑格爾對此問題提供了截然不同的視角。他不接受僵硬的二元對立，也不將靈魂視為外在於身體的超然實體。對他而言，人不是兩個元素的疊加，而是身體與精神（或靈魂）透過辯證運動而達成的統一體，是理念在自然中具體實現的特殊形式。因此，「身體與靈魂」不應被視為固定本體的對峙，而是理念發展中兩個相互依存、交織生成的環節。

黑格爾對身心問題的辯證理解

在《自然哲學》中，黑格爾區分「自然靈魂」與「精神」的不同層次。他認為，身體不是與靈魂對立的物質容器，而是理念實現自身的空間與工具。靈魂也不是獨立於自然的先驗主體，而是透過身體這一物質系統展開其生命與自由的運動。

2. 身體與靈魂：人之雙重性辯證

此觀點關鍵在於「內在目的性」：人的身體並非機械總和，而是有機整體，其結構與功能並不僅為維持生命，而是為理念的實現服務——例如語言、知覺、運動能力皆是精神展現的方式。黑格爾認為，靈魂與身體並非二元對立，而是一種理念內在的辯證統一——身體是靈魂的外在實現，靈魂則是身體所表現的理念原則。

由此，人之為人，並非源於某一單一因素，而是在理念的自然與自由張力中形成的具體存在。這種結構性的理解，超越了還原論與分裂論，使我們能重新思考「人的雙重性」不再是矛盾，而是辯證地生成意義。

神經意識與身體回應之整合研究

當代認知神經科學顯示，意識活動與身體感官、運動系統之間的關係極為密切。例如「體化認知」(embodied cognition) 理論指出，人類的思考並非僅在腦中運作，而是與身體感知、動作、環境互動共同構成。意識的內容、情緒的調節，甚至抽象思維的方式，都與身體結構與經驗有著深層關聯。

黑格爾式的身心辯證觀，正可為這類研究提供哲學支持。它指出，身體不只是意識的物質基礎，更是理念展現自身的一種方式。身體不是意識的「附屬」，而是意識得以發生的空間性與實踐性條件。當代腦科學對感覺運動循環與情緒調節的揭

第七章　自然與精神的過渡機制

示,不但未削弱「精神」的意義,反而提供其生成與運作的自然基礎。

這也意味著,「靈魂」不再是幽靈般的抽象主體,而是在身體中展開、透過行動與經驗逐步形成的理念構造。身體與靈魂的辯證,是一種由下而上的理念實現歷程。

創傷經驗與身心記憶的辯證關係

心理創傷研究提供一個具體案例來說明身體與靈魂如何相互作用。創傷經驗不僅影響記憶與情緒,也往往留下深刻的身體記號——如肌肉緊張、胃腸不適、呼吸困難等。創傷不只是「心」的受傷,也是「身」的受困。

治療學者如貝塞爾・范德寇（Bessel van der Kolk）在《身體記住一切》中指出,創傷的記憶常常不經由語言表達,而透過身體反應被保留與重演。因此,治療不僅是心理重構,更包括身體經驗的重建與整合。

黑格爾對身體與靈魂辯證關係的理解,有助於我們重新思考創傷的本質。創傷是一種理念受阻的現象——人的自由性、整體性與自我實現在身體層次中遭遇破裂。靈魂無法透過身體展現其自由,正是創傷之所在;而治癒則是讓理念重新透過身體實現其整體性的過程。

人之雙重性的倫理與存在論意涵

從黑格爾的觀點看，人類的倫理與實踐行為之所以成立，正因其同時是自然與精神的統合體。我們既承受自然規律，也具有理念實踐的自由能動性。這種雙重性使人既可成為自然性慾望的奴役，也可成為理念實踐的主體。倫理的發展，正是人從「身體性」逐步走向「精神性」的歷史運動 —— 從感官享樂、功利考量，到義務、正義、自由與普遍法則的實踐。

同時，這種雙重性也提醒我們，任何忽視身體條件的精神理論，或剝奪精神維度的生物觀點，皆無法真正理解人。只有在辯證統一的觀點下，我們才能理解「人」既是生物體、也是理念主體；既依賴自然條件，又能自由實踐其理念。

結語：人的身體與靈魂作為理念辯證的雙重顯現

總結而言，「身體與靈魂」不是形上對立項，而是理念在自然中實現與超越自身的雙重顯現。黑格爾為我們提供了一個跨越心物二元的哲學框架：人之存在不是「一個靈魂在一具身體中」，而是理念在自然與自由張力中辯證生成之歷程性結構。

當代身體研究與神經科學的進展，再次呼應這一哲學見解，使我們能重新思考人的整體性與歷史性。在這意義下，身體與靈魂不再是對立的領域，而是理念實現自由之路上兩個不可或缺的交錯面向。

3. 感官經驗的自然基礎與精神發展

感官經驗是被動接收還是主動建構？

在認識論與心靈哲學中，感官經驗往往被視為知識的起點。從洛克的經驗論到康德的先驗綜合，感官被定位為人類獲取世界資訊的工具。但這樣的定位也帶出一個根本問題：感官經驗只是被動的自然反應，還是精神在自然基礎上建構世界意義的起點？

黑格爾的辯證觀點認為，感官經驗雖根植於自然結構，如視覺系統、聽覺神經等，但其意義與功能卻非僅為生理刺激的反應，而是在理念邏輯的參與下轉化為精神運動的起點。感官經驗既是自然生理機能的展現，也是一種精神建構的先導形式。這種雙重性正是理念於自然中展現其自由潛能的開端。

黑格爾論感官與意識的生成關係

在《精神現象學》中，黑格爾將感性確定性（die sinnliche Gewissheit）視為意識發展的最初階段。他指出，感官經驗本身並不等於真理，因為它仍停留在對「此時此地」的無反省指涉。然而，正是這種「非概念性」的經驗開啟了意識通往概念、判斷與自我反思的歷程。

換言之，感官經驗並非與精神對立，而是精神展開之初的

3. 感官經驗的自然基礎與精神發展

條件。視覺、聽覺、觸覺等知覺機能雖然植根於自然結構，但它們所傳遞的不是純粹物理資訊，而是能被整合、比較與再現的素材。在這些素材中，精神開始形成對世界的穩定認知結構，最終走向理念的自我認識。

這一點在黑格爾的邏輯學與自然哲學中亦有呼應：自然提供精神運動的客觀形式，但這些形式唯有在精神中經歷辯證運作後，方能成為有意義的知識與實踐指引。

感官整合與意識形成的神經科學觀察

當代神經科學對「感官整合」的研究，提供了黑格爾哲學的實證補充。例如研究指出，大腦皮質中並不存在專責感官分類的獨立中樞，反而是多模態整合（multisensory integration）區域，如頂葉與額葉協調不同感官訊息，進行對世界的「整體建構」。

這意味著，我們所感知的「世界」，並非單純由感官對外在刺激的被動反應構成，而是建立在記憶、預期與概念架構之上的主動整合。從這個角度看，知覺本身具有建構性，它賦予經驗意義的方式，不是回應單一訊號，而是回應整體脈絡所形成的關係結構。這樣的觀點，正與黑格爾在《精神現象學》中所揭示的原則相契合——他指出，真理不在於感性經驗的直接性，而在於經驗如何在辯證過程中實現理念的整體性。

此外，自閉症與感覺統合障礙的研究亦指出，當感官訊息

第七章　自然與精神的過渡機制

無法有效整合時,個體便難以形成穩定的自我與世界認知。這一點也突顯出,感官經驗若不進入精神辯證的軌道,將無法構成意義、價值與主體性。

視覺與認知錯覺的辯證意涵

心理學中的錯覺研究顯示,即使視覺訊息客觀存在,我們對其的感知仍會因語境、背景與期待而產生偏差。例如「艾姆斯小屋」讓人錯估空間大小,「赫爾姆霍茲方格」讓人誤認為線條彎曲,這些例子皆說明感官經驗不是被動地呈現外部世界,而是由精神主動構造而來。

黑格爾若面對這些現象,將會指出這些現象說明了精神如何透過感官建構其對世界的理解。錯覺不是認知的缺陷,而是理念在自然感官中運作之痕跡,是自由與自然交會之處的顯影。

因此,感官經驗的真實性並不取決於其是否「還原世界」,而在於其是否能夠參與理念的實現 —— 也就是,是否能進入反思、判斷與實踐的整體結構中。這才是感官在黑格爾體系中的真正哲學地位。

感官經驗作為理念實踐的起點

黑格爾的辯證方法強調每一階段之生成,皆來自其否定與超越。在這個意義上,感官經驗不是知識的完成形式,而是理

3. 感官經驗的自然基礎與精神發展

念從自然向精神過渡的初始平臺。感官經驗呈現世界的多樣性與具體性，但其本身無法解釋或統整這些多樣 —— 唯有透過精神的概念化、系統化與倫理實踐，這些經驗方能昇華為自由理念之展現。

例如，藝術的創作與感受常被認為根植於感官，但是在黑格爾看來，藝術正是感官經驗進入理念整合後所生成的自由實踐形式，是理念對感性世界的辯證回應。因此，感官不再是粗糙自然性，而是自由的邏輯開端。

結語：理念通往自由的起始節點

總結而言，感官經驗既非純然自然的反射，也非精神的機械基礎，而是理念透過自然展現其自身自由的第一現場。黑格爾的哲學讓我們理解，感官不是知識的外部來源，而是理念自我發展的內在條件。

當我們重新思考感官經驗在精神生成中的地位，就會發現它不僅是生理活動，更是概念形成、認知統合與倫理實踐的起點。從這意義上說，感官並不局限於肉體功能，而是開啟自由之路的感性門徑，是理念在自然中自我辨識的第一步。

4. 認知作為自然界的內在生成

認知是自然之結果，還是理念之萌芽？

我們常將認知視為心靈的功能、意識的活動或是思考的成果，但若將其放回自然哲學的背景，問題便轉化為：認知是自然界偶然產生的高度功能？或是理念在自然中透過結構性與目的性逐步生成的結果？

對黑格爾而言，認知不是單純的心理功能或神經過程，而是理念在自然世界中透過生命、自我調整與反思進展的結果。也就是說，認知是一種「理念自然化的結果」，同時也是「自然理念化的歷程」。這種雙向關係正是黑格爾哲學的辯證特徵，而本節將從此出發，探討認知如何在自然界中作為內在生成，而非外加現象。

黑格爾與認知的生成性辯證

在《精神現象學》中，黑格爾強調意識的發展並非直線累積，而是一種否定與再建構的辯證歷程：從感性確定性（Sinnliche Gewissheit），進入知覺、理解、理性與自我意識。這條進路亦是認知生成的哲學軌跡。

對黑格爾而言，認知的關鍵不在於「如何知」，而在於「知

4. 認知作為自然界的內在生成

之所以可能」。這背後蘊含的前提是：認知不僅是主體對客體的映照，而是一種理念在自然界中內在展開、自我深化的結果。例如，在生物界中，動物透過感官與環境互動產生辨識與判斷，這些行為儘管看似本能，其實也蘊含結構性回應與目標導向。這些自然行為便是理念初步的外化。

人類的認知則是在此基礎上發展出語言、記憶、邏輯推理與道德判斷等高度形式，這些能力並非突兀出現，而是從自然有機結構中漸次發展，是理念從自發性到自由性的必經階段。

認知科學的進展與辯證呼應

當代認知科學將認知理解為多模組交互的動態系統。從神經網路理論、聯結主義（connectionism），到預測編碼（predictive coding）與腦內模擬模型，皆顯示認知不是被動接收資訊的過程，而是一種主動建構與不斷修正的結構運動。

這種結構性建構觀與黑格爾的理念邏輯高度契合。認知的生成並非來自資料的累加，而是在衝突、錯誤與修正中建構出更高的整體統一。舉例而言，嬰兒在學習語言的過程中，不僅模仿，也會透過錯誤調整、語境理解與抽象概念建構，這正是理念透過自然形式進入自我回返的歷程表現。

進一步來說，人工智慧領域中對深度學習（deep learning）與強化學習的研究，也再度印證「認知乃一種在自然與結構間循

第七章　自然與精神的過渡機制

環生成的活動」。AI 的學習若無設定目的與反饋結構,便無法持續調整與改善。黑格爾早已指出,目的性乃理念之運動的核心,認知若無內在目的引導,其學習也將停滯不前。

記憶與時間意識的生成

人類認知中最具哲學意涵的能力之一是「記憶」,因為它不僅涉及資訊儲存,更關乎主體與時間之關係。記憶讓人能從當下延伸至過去,並構成對未來的投射。這樣的能力並非自然感官的附屬,而是精神在自然機制中構成時間之統一性的表現。

黑格爾在《邏輯學》中論及「時間」乃理念的抽象否定形式,而記憶則是使這種否定能轉為精神結構的媒介。記憶不僅將事件保留,也對事件進行選擇與重組,使得主體的自我意識得以形成歷史性軌跡。在此意義下,記憶是自然中尚未被純粹把握的理念片段,而認知的整體過程,便是這些片段被理念逐步統合與實現的歷程。

認知作為理念與自然之結構橋梁

黑格爾所強調的認知辯證歷程,不是將認知視為人類中心的功能優勢,而是理念與自然之間建立溝通的結構性機制。自然不是靜態背景,而是理念為了成為自由所經歷的具體現實;認知則是此過程中的轉折點,是理念開始在自然中生成其自身

4. 認知作為自然界的內在生成

之邏輯形式的地方。

換言之，認知不是自然的結果，也不是理念的投射，而是兩者交會的生成點，是自然界中的「理念種子」逐漸開展為精神運動的起點。

結語：認知之為自然理念的展現

總結來說，認知作為自然界的內在生成，是黑格爾自然哲學的一個核心觀點。它揭示認知不只是思維的技術性操作，而是理念在自然中自我生成的動態過程。當我們將認知放回自然與精神辯證的框架時，便可發現：每一次思考、判斷與理解，都是理念在自然中展開其自由潛能的具體實踐。

認知不只是認知科學的課題，更是自然哲學的關鍵證據。透過認知，我們得以看見理念如何在自然界之中，透過有機結構、功能張力與目的生成，不斷重構自身邏輯——也唯有如此，精神的出現才不再神祕，而是理念在自然中對自身所給予的深層回應。

第七章　自然與精神的過渡機制

5. 自然教育與文化形成的哲學基礎

教育是文化傳遞，還是自然延續？

自啟蒙時代以來，「教育」多被理解為一種文化建構的過程，即社會制度將知識、價值與行為模式灌注於個體，使其成為社會成員。然而，黑格爾對教化（Bildung）的理解遠比此複雜。在他看來，教化不僅是外在知識的灌輸，更是理念在個體與社會中的展開與實現，是精神透過自然性邁向自我實現的歷史性運動。

因此，本節將從黑格爾自然哲學與精神哲學的觀點出發，重新審視「教育」作為一種自然過程與文化建構交織的辯證結構。我們將探討教育如何作為理念在自然中的實踐，如何連結感官經驗、認知發展與文化創造，並揭示其中的哲學基礎。

黑格爾對教化（Bildung）的辯證理解

在《精神現象學》中，黑格爾將「教化」理解為主體透過他者性而獲致自我意識的過程。這個過程並非單向的知識轉移，而是一種歷史性、結構性與倫理性的實踐。個體透過與自然、社會與制度的互動，不斷否定其原初自然狀態，並在不斷的內化與外化運動中形構其主體性。

5. 自然教育與文化形成的哲學基礎

　　黑格爾進一步指出，教化之所以必要，是因為自然所賦予的潛能必須透過歷史性實踐才能實現自由。也就是說，教育是自然理念自我運動的延續，是自然過渡至精神的關鍵樞紐。兒童從感性、衝動與模仿開始，逐漸透過語言、勞動與倫理制度進入文化世界，這一過程既是精神生成的軌跡，也是理念自我辯證的實踐場域。

教育神經科學與社會文化學習理論

　　當代教育科學與神經心理學證實，人類的學習與發展本質上具有生物性與社會性的雙重結構。例如，兒童早期的語言學習依賴於大腦語言區（如布洛卡區、韋尼克區）的成熟，但若未處於語言豐富的文化環境中，這些區域將無法充分發展。這種現象即顯示，生理潛能若不經文化實踐，將無法完成精神活動。

　　另方面，社會文化學習理論（如維高斯基的「近側發展區」）亦指出，個體能力的實現並非來自內在成熟，而是透過社會互動與工具使用促成。黑格爾的教化理論與此觀點高度呼應：理念不可能單憑自然自動完成，而需經由歷史、制度與文化之實踐實現其自由。

　　因此，教育不僅是傳授知識，而是理念藉由個體在自然性與社會性之間辯證運動而實現自由主體的歷程。

第七章　自然與精神的過渡機制

語言習得與文化參與的交互生成

語言學習是一個經典案例，說明自然潛能如何經由文化實踐而形成精神結構。嬰兒出生即具備辨識語音與模仿聲音的能力，但唯有在語言環境中不斷接受與產出語言互動，其語言能力方能從自然反應升級為符號意識。

黑格爾在《哲學百科全書》中指出，語言是理念的外在化形式，是精神得以顯現自身與實踐自由的媒介。語言之所以重要，不僅因為它傳遞資訊，更是因為它使人類能夠將經驗抽象、概念化與普遍化。

語言的形成並非單向灌輸，而是嬰兒與照顧者在互動中逐步建構的文化形式 —— 這一過程正是一種「自然教育」，即自然功能在文化環境中獲得理念實現的歷程。此處，教育不再是文化對自然的支配，而是理念透過自然開展自由潛能的動態結構。

自然教育的理念基礎：從感性到倫理的實踐通道

黑格爾指出，人類的精神發展必須透過自然教育這一中介階段。自然教育指的不是回歸自然狀態，而是在尊重自然發展節奏的前提下，引導個體從感官、遊戲與模仿進入語言、理解與倫理行動的歷程。

例如，兒童透過遊戲模仿社會行為，並在其中學習角色、

規則與責任；這一過程不僅是娛樂，也是理念實踐的預備。教育工作者若能理解此點，將不再強調知識轉移，而會關注個體在文化中的實踐與意義形成。

教育因此成為自由理念的橋梁 —— 它不只是技術或制度設計，而是理念在自然與歷史之中，逐步實現其整體性、普遍性與倫理性的過程。教育的每一個階段，都是理念自我確認、自我否定與自我回歸的實踐舞臺。

結語：教化作為理念歷程的自然實踐場域

總結而言，教育不是人類社會的附屬制度，也不是自然發展的偶然產物，而是理念在自然中走向精神、在個體中實現自由的實踐歷程。黑格爾的哲學讓我們超越教育的工具觀，進入一種教化的辯證理解：教育是自然性之理念化，也是理念對自然潛能的倫理回應。

當我們從黑格爾的視角重新審視教育，就能理解它不只是傳授知識與規訓行為，更是理念透過自然界展現自由潛能的歷史現場 —— 每一個學習行為、每一場師生互動、每一個語言理解的瞬間，都是理念與自然交會的痕跡，也是自由得以實現的契機。

第七章　自然與精神的過渡機制

6. 美感與自然：藝術之中的自然性

藝術是對自然的模仿,還是自然之理念的實現?

自亞里斯多德以降,美學的核心問題之一即是藝術與自然的關係。傳統的模仿論(mimesis)主張藝術源自對自然的模擬與再現,但這種觀點容易將藝術貶為自然的附屬影像。黑格爾的美學哲學卻提出根本轉向:藝術不只是對自然的模仿,而是理念藉由自然形式所達成的一種精神實現。

黑格爾在《美學講演錄》中明確指出,美是理念在感性形式中的顯現(die sinnliche Erscheinung der Idee),藝術正是透過自然媒材(如聲音、顏色、石材、形體)讓理念具象化,進而引導觀者進入理念的世界。因此,藝術之中蘊含的自然性,並非純粹物質,而是理念得以呈現與展演的基礎條件。

黑格爾的藝術理念論與自然形式

黑格爾將藝術區分為三大類型:象徵藝術、古典藝術與浪漫藝術。象徵藝術(如埃及藝術)展現自然中尚未具體化的理念;古典藝術(如希臘雕塑)則在形體與理念之間達成完美統一;浪漫藝術(如基督教繪畫與音樂)則突顯內在精神超越自然的特性。

6. 美感與自然：藝術之中的自然性

這一藝術進化過程，同時也反映出理念如何透過自然形式漸進實現其自由與普遍性。尤其在古典藝術中，身體（作為自然形式）成為精神表現的透明媒介——在此，自然不再是對藝術的限制，而是理念自我顯現的基礎。

因此，黑格爾不否認自然之於藝術的重要地位，反而認為自然是理念通往精神與自由的門徑。藝術作品中的自然性，是理念透過感性轉化與構形邏輯，將其內在必然性顯示於外在世界的形式活動。

生態美學與自然在藝術中的位置

當代生態美學（eco-aesthetics）強調藝術對自然環境的再思與關懷，反對將自然僅視為美感消費的對象，並強調藝術與生態實踐之間的倫理關係。例如大地藝術（Land Art）或環境裝置藝術（Environmental Installation）常直接以自然地景為素材與場域，創造出自然與人類、理念與物質交融的藝術經驗。

此類創作正呼應黑格爾的核心觀點——藝術並非自我封閉的精神活動，而是理念在自然中自我顯現與再構成的實踐。當代生態藝術不只是表現自然，更是理念透過自然形式反思自身生態性限度的歷史運動。

藝術家如安迪·高茲沃斯（Andy Goldsworthy）以落葉、石塊、水流構成暫時性裝置，強調自然變化與人類介入的共構。

第七章　自然與精神的過渡機制

這些作品不以永恆為追求，而以理念之於自然中的脆弱、循環與生成為主題 —— 自然不只是形式背景，而是藝術的邏輯本體。

音樂作為非再現性的自然媒介

在黑格爾美學體系中，音樂具有特殊地位。它以非空間性的形式（聲音）展現時間性運動，使內在感情、意志與理念透過節奏、旋律與和聲直接傳達。音樂雖無形體，卻能使理念超越物質限制而現身。

音樂的自然性在於其依賴聲波、振動與生理共鳴，但其美感效果卻指向理念的純粹運動。這與自然中的節奏性 —— 如潮汐、四季、脈搏、風聲 —— 具有結構上的深層呼應。黑格爾或許會說，音樂之所以動人，正因它使理念以自然節律形式，臨時但深刻地出現於感官與精神的交界之處。

當代音樂療法研究也顯示，旋律與和聲能引發身體放鬆、情緒調節與自我意識的昇華，這些效果不僅來自聲音刺激，更來自聆聽者理念結構與自然感性之間的辯證互動。音樂不是抽象符號，而是自然與精神共構之自由形式的實踐樣貌。

自然性如何在藝術中轉化為自由形式？

黑格爾強調，真正的藝術不是複製自然，而是將自然轉化為理念之自由形式。自然提供藝術的材料、節奏與感性形式，

6. 美感與自然：藝術之中的自然性

但藝術家必須在其中導入理念結構，透過構圖、主題、比例與象徵，將感性形式提升為普遍性意義。

這一轉化是理念在自然中實現自由的表現。藝術之美來自自然與理念的內在一致，是理念之所以能被「感受」的具體證明。自然不只是可被再現的對象，更是理念辯證實踐的現場。

結語：理念在感性世界的現身

總結而言，自然在藝術中的角色，不是單純素材，更是理念通往自由、感性與共鳴的關鍵橋梁。黑格爾的美學讓我們看見，藝術之所以動人，是因其讓我們在自然中遇見理念，讓自由得以透過形體、聲音與節奏現身。

當我們從自然的美感形式出發，不是為了讚頌自然本身，而是為了理解理念如何在自然中實現其存在、指向其普遍，並啟發我們成為自由的實踐者。在這樣的理解中，藝術不只是人類創造物，更是理念在自然中敞現自身的最高表達。

第七章　自然與精神的過渡機制

7. 從自然世界到精神世界的轉向

精神何以從自然中誕生？

　　本章前六節探討了精神的自然起源、身體與靈魂的辯證關係、感官經驗與認知之生成、教育與文化之哲學基礎、藝術中的自然性等等，而這些討論皆朝向一個根本問題：精神如何可能？精神世界並非脫離自然而自生，而是理念於自然中辯證展現後的自我返照成果。正如黑格爾在《精神現象學》中所展示的，精神並非一開始就具備完成的自我意識，而是從自然性出發，經由與他者的辯證互動，逐步生成的歷史性存在樣態。

　　本節將綜合前述分析，說明自然如何成為精神之基礎與跳板，探討理念如何從自然的客觀秩序、內在目的性與自我運動中，透過否定與統合，邁向主體性與自由的精神世界。這不只是科學或形上學的問題，更是自由理念的邏輯運動問題。

黑格爾體系中自然轉向精神的邏輯關鍵

　　在《哲學百科全書》的結構中，黑格爾安排自然哲學於邏輯學與精神哲學之間，其意義即在於：自然不是終點，而是理念實現的中介。黑格爾認為，精神的生成不是對自然的逃離，而是理念透過自然的外在性、他者性與限制，展開其否定與超

7. 從自然世界到精神世界的轉向

越的歷程。精神之所以能成為精神，正是因為它經歷了自我異化，並在歷史性運動中回返自身，實現其作為自由主體的本質。

換言之，自然的他者性、自動性與有機性，雖非精神本身，卻為精神之可能提供了結構條件。當理念於自然中意識到其限制與可能，精神便從被動接受者成為主動建構者。此一過程是邏輯辯證轉化：理念透過自然形式發展出自由與主體性。

意識演化與主體形成的交叉領域

神經科學與演化心理學提供我們一個有力補充。人類意識的形成並非孤立事件，而是透過生物進化中不斷累積的神經複雜性與社會互動所共同塑造。例如鏡像神經元的發現顯示，我們對他人的動作與情感具有內在模仿機制，這不僅使社會互動成為可能，也讓意識得以從自我中心的狀態過渡到他者參照的關係性自我。

這些發現與黑格爾主奴辯證中的承認邏輯相通──精神的形成不是單體完成的，而是透過與外界（自然與社會）互動中逐步生成的。因此，從自然世界邁向精神世界，是一場結構性漸變，而非本體論斷裂，是理念在他者性中逐步建構其自由的歷史過程。

第七章　自然與精神的過渡機制

語言與倫理作為精神生成的轉向徵兆

語言與倫理行為是精神世界生成的兩大指標。語言不只是符號系統，更是理念得以抽象化、普遍化與對話化的工具；倫理則代表著主體對普遍規範的認知與實踐能力。這兩者皆有自然基礎，卻不屬於自然必然性。

黑格爾指出，人之所以異於動物，不在於有理性，而在於能使理念進入世界——語言讓感官經驗轉化為可思之形式，倫理讓行為超越本能與功利，進入自由的普遍法則。這些活動皆表明：精神的世界是自然理念化到一定程度後，自我否定、回返與再建構的結果。

從孩童學習語言與社會規範的過程，我們可以清楚看到：感性、模仿與互動交織形成理念實踐的初步空間。這不只是心理發展的歷程，更是哲學上理念實現為精神的軌跡。

自然與精神的連續性與斷裂性辯證

黑格爾對自然與精神的理解並非線性進化論，而是一種結構性辯證觀。精神是自然理念自身運動到一定階段後的內在轉向。此轉向具有三重特徵：

1. **自我反思能力的生成**：從感官經驗過渡到概念理解，個體開始能對自身經驗提出問題，進而尋求統一與目的。

2. **自由意志的展開**：在自然中，行為受制於本能與環境；在精神中，行為成為理念選擇的結果，是對自我與世界關係的實踐表達。

3. **歷史與制度的開展**：精神不再僅以生物體的形式存在，而進入歷史性建構，透過語言、宗教、藝術、法律等中介，構築自由理念的實踐世界。

這些特徵揭示著精神的誕生不是抽象跳變，而是理念在自然中辯證運動後，必然導出的實在樣態。

結語：理念在自然辯證中的自我完成

總結而言，從自然世界邁向精神世界，是理念在自然中實現自由的辯證過程。黑格爾讓我們看見，自然不是精神的障礙，而是其形成的條件；精神不是自然的否定，而是自然理念的完成。

當我們理解自然與精神的連續性與斷裂性，就能掌握自由理念在歷史中如何透過自然形式實現自身。此種理解不僅具有形上學意義，也為我們思考人類未來、教育實踐與倫理制度提供了根本哲學依據──精神不是自然的敵人，而是自然最高層次的理念現身。

第七章　自然與精神的過渡機制

第八章
自由與自然法的哲學辯證

第八章　自由與自然法的哲學辯證

1. 自然法的理念性與歷史性

自然法是永恆真理,還是歷史產物?

自然法(Naturrecht)在西方思想史中,始終處於法哲學的核心位置。自古希臘斯多葛派到近代自然法學派,人們普遍相信,自然中蘊含一套先於人為法律的普遍正義原則,為法律制度提供合法性基礎。然而,黑格爾對此傳統提出了根本性重構——他既不完全否定自然法的有效性,也不接受其為「永恆不變」的真理。對黑格爾而言,自然法的核心不是固定規範,而是理念在歷史與實踐中展開其自由邏輯的辯證過程。

本節將探討自然法的雙重結構:一方面作為理念的普遍性原則,另一方面作為歷史具體化過程中的實踐樣態。我們將從黑格爾的法哲學與自然哲學出發,結合當代法律理論與實證案例,思考自然法如何同時具有超歷史的理念性與具歷史性的文化展現。

黑格爾法哲學中的自然法批判與超越

黑格爾在《法哲學原理》中對近代自然法學派(如洛克、盧梭、康德)進行嚴格批判。他認為,這些理論將自然法視為理性演繹出的抽象原則,卻忽略法的歷史性、制度性與倫理性根

1. 自然法的理念性與歷史性

源。以「人類本性」推導法律原理的做法，使自然法淪為一種形式主義的正當性幻想。

然而，黑格爾並未因此否定自然法，而是主張應將其納入「理念的實現歷程」之中。真正的自然法，並非抽象地存在於理性中，而是理念在現實中透過制度、道德、倫理關係逐步實現的邏輯運動。換言之，自然法的有效性來自於其能否在歷史進程中轉化為具體的自由實踐形式，而非是否符合某種預設理性圖式。

黑格爾提出「理念性自然法」的概念，指涉理念不在彼岸，而是在法與制度之中透過否定、矛盾與重構而漸次顯現。例如家庭、社會、國家三者之間的倫理緊張與轉化，即是自然法如何具體實現於現代社會的辯證歷程。

自然法在憲政與人權論述中的轉型

當代自然法理論已不再僅著眼於靜態原則，而強調其與具體制度、文化脈絡之間的互動。以聯合國《世界人權宣言》為例，其背後雖然引用了自然法語彙（如「人的尊嚴」、「固有權利」），但其實是一種歷史經驗與普世理念之間的折衷形式，是在二戰災難之後人類共同面對極權暴力的反省產物。

此外，現代憲法學者如羅納德·德沃金（Ronald Dworkin）主張法律中的「權利原則」不應僅依賴法律條文，更應納入道德推理與人性尊嚴的理念基礎。這種主張既回應了自然法的理念

第八章　自由與自然法的哲學辯證

性,也強調歷史與制度對自然法內容之具體塑造。

因此,當代自然法思想的發展趨勢與黑格爾一致:自然法不是逃避歷史的理性理想,而是理念如何在歷史現實中尋求其形式實現的實踐問題。

轉型正義中的自然法意涵

臺灣的轉型正義實踐提供了一個思考自然法理念性的具體案例。當政府試圖對威權統治時期的不正義行為進行歷史釐清、責任追究與制度重構時,所依據的不僅是現行法律,而是基於一種「更高原則」——即人權、正義、自由等普遍理念。

這種實踐體現了自然法的理念性面向,但其具體化過程卻又極具歷史性。例如資料解密、補償機制、歷史教育等措施,皆需在當代社會條件下實踐理念原則。此種情境恰好印證黑格爾所言:理念若無法進入制度與實踐中,將永遠停留在抽象層次,而不成為真正的自由。

轉型正義之所以具正當性,不在於它符合某個理論模型,而在於它讓理念回應歷史,使自然法不只是宣言,而是實踐可能。

自然法作為理念歷程中的歷史結晶

黑格爾認為理念不在他處,而是在歷史之中實現。自然法若要維持其普遍有效性,必須接受其歷史性——即理念總是在

1. 自然法的理念性與歷史性

具體社會關係中尋求自身的展現方式。自然法不是要人類返回某種「自然狀態」,而是透過制度、倫理與文化逐步展開自由理念的方式。

這也使自然法成為辯證運動的一部分:在權力與正義、制度與理念之間展開鬥爭與重構,讓自由不再是抽象目標,而成為歷史實踐的總結與開展。從這意義看,歷史不是自然法的威脅,而是其生長的土壤;自然法不是拒絕變動的原則,而是理念自我生成的規律。

結語:歷史中的理念秩序

總結而言,自然法不再是永恆不變的實體,而是理念在自然與社會實踐中逐步展開的辯證秩序。黑格爾讓我們理解,自然法的價值不在其抽象性,而在其是否能在歷史中實踐理念、實現自由。

從法哲學、憲政實務到轉型正義,現代社會面對的不是「自然法存不存在」的問題,而是「理念如何透過歷史實現」的根本挑戰。自然法不應被視為歷史之前的真理,而應理解為歷史中不斷重構、辯證與自我深化的理念進程。這才是自然法的真正哲學意義,也是其在當代社會中持續展現活力的根本原因。

2. 黑格爾對自然權利的批判重構

自然權利是普遍人性，還是理念構造？

自然權利（natural rights）一詞在啟蒙時代廣為流傳，洛克、盧梭與康德等人主張人類天生具有某些不可剝奪的基本權利，如生命、自由與財產。然而黑格爾認為，這樣的權利論在理論上過於抽象，實踐上缺乏具體性，無法有效處理現代社會中的倫理複雜性與制度現實。

黑格爾並不否定自然權利的價值，而是試圖透過其理念體系對自然權利進行結構性的批判與重構。他指出，自然權利若未納入歷史與倫理的辯證中，將無法從「主觀權利」轉化為「實質自由」。本節將探討黑格爾如何以辯證邏輯對自然權利的傳統觀點進行再闡釋，並以當代個人權利與社會制度之間的緊張關係作為實證案例，呈現自然權利重構的實踐意義。

黑格爾對抽象自然權利的批判

在《法哲學原理》中，黑格爾明確批評自然法學派所持的「抽象個人權利」觀。他指出，將人視為獨立於社會與制度之外的個體，並賦予其天賦權利，是一種邏輯上的虛構。這種權利觀無法處理個體之間的實際關係，更無法解釋個體如何在倫理與制度中實現自由。

2. 黑格爾對自然權利的批判重構

例如，僅憑「我有言論自由」這一抽象宣稱，並不足以保障公共討論的實質空間。言論自由的有效性取決於具體制度、文化脈絡與對話倫理的實踐。因此，權利若無法落實於整體結構中，其抽象性反而可能導致權利對立與社會失序。

黑格爾主張，真正的權利應是理念在倫理生活（Sittlichkeit）中的具體實現。這種實現是透過家庭、社會與國家等倫理場域中個體角色與義務的相互調節。權利與義務並非二元對立，而是自由理念的雙重面向。

人權普世性與文化相對性的辯證張力

當代人權理論面臨的挑戰之一，即是如何在維護普遍價值的同時尊重文化差異與歷史條件。舉例而言，聯合國人權體系主張所有人應享有同等尊嚴與基本自由，但在面對族群傳統、宗教律法或地域制度時，普世權利往往面臨在地反彈。

黑格爾的批判性自然權利觀可為此提供哲學基礎：真正的自然權利不應僅在抽象原則中尋求正當性，而應在文化與制度中展現其實踐效果。這種「具體普遍性」的原則主張，讓我們不必選擇「普世對抗文化」或「文化凌駕普世」的二元對立，而是從理念如何透過歷史與倫理制度顯現其真理性出發，回應當代人權落實的實際困境。

第八章　自由與自然法的哲學辯證

社會權與經濟制度中的權利實踐

以「工作權」為例，若僅視其為「人應享有工作的自由」，則難以解釋在結構性失業與產業變遷下，個體如何實踐這項權利。黑格爾式的思考會將焦點轉向整體社會制度：教育、勞動保障、產業結構與倫理文化等是否共同構成個體有實際工作可能性的社會條件。

這種理解將權利從抽象主張轉化為理念在整體倫理秩序中的實踐問題。自然權利不再只是「我有」的個人聲明，而是「我們如何共同構成」權利得以成立與維持的整體。

自然權利的理念重構：從主觀宣稱到實質自由

黑格爾認為，真正的自由不是「我可以做什麼」，而是「我如何與他人共同生活，實現自由」。這種觀點下，權利不再是自然天賦的財產，而是理念在歷史實踐與倫理生活中的具體成果。

因此，自然權利的重構須從以下三個面向進行：

1. 歷史性：權利的形成總是歷史情境中的回應，不可離開制度與文化脈絡。

2. 制度性：權利唯有在法律、教育、經濟等制度中被承認與實踐，方具有效力。

3. 倫理性：權利與義務不可分割，權利的正當性取決於其是否促進整體自由與公共善。

結語：理念自由的歷史實踐

總結而言，黑格爾對自然權利的批判不在於否定其價值，而在於推動其從抽象主觀性走向具體實踐性。他認為，唯有將自然權利納入倫理制度與歷史實踐的辯證運動中，我們才能實現真正的自由。

在當代表述中，這種理念重構提醒我們：權利不是預設的，而是需不斷在制度中爭取、在歷史中落實、在文化中反思的自由實踐歷程。

3. 法律作為自由的自然展現形式

法律是外在命令，還是自由理念的體現？

法律在人類社會中經常被視為權威的象徵、外在規範的總和，甚至是國家機器強制命令的化身。然而，黑格爾從理念哲學出發，賦予法律一種全然不同的地位。他認為，法律不是對自由的限制，而是自由自身的外在展現。真正的法律，乃是理念在客觀世界中的具體形式，是自由透過外在性實現自我統合的邏輯結構。

本節將從黑格爾《法哲學原理》的基本架構出發，說明法律如何作為理念自由的展現形式，並探討其自然性與歷史性的交

會，藉由當代法治實踐與倫理正義的案例，揭示法律與自由之間不可分割的辯證關係。

黑格爾對法律的三重層次理解

在黑格爾體系中，法律具有三個辯證展開的層次：

1. **抽象法（Abstraktes Recht）**：強調個體的形式權利，是自由的第一步，如財產權與契約自由。

2. **道德性（Moralität）**：探討內在意圖與主觀良知，是自由向內反思與道德責任的表現。

3. **倫理生活（Sittlichkeit）**：強調自由在家庭、市民社會與國家中的具體實踐，是自由的全面實現。

這三重層次構成法律從形式到內容、從個體到共同體的辯證歷程。抽象法保護自由，道德性反思自由，而倫理生活則將自由嵌入制度與關係之中，使自由不再是任意選擇，而是理念的共同實踐。

法治國家中的自由理念

當代法治國家如德國、日本、臺灣等，皆強調「法律保護自由」的原則。但這一原則並非自然存在，而是歷經法治制度建構、憲政文化形塑與歷史鬥爭所得之成果。

黑格爾的觀點可補充現代法治理論的盲點——即自由非僅

3. 法律作為自由的自然展現形式

為法律保障的對象，更是法律存在的根本動因。法律之正當性不來自其強制力，而來自其是否符合自由理念，並能在制度中促進個體與整體的倫理共生。

例如憲法保障言論自由，但若無公共教育、媒體倫理與民主制度的支撐，此自由將流於形式。因此，法律須由抽象原則轉化為具體制度安排，並透過道德與倫理資源支持，方能真正成為自由的現實展現。

轉型正義與法律的理念性實踐

以臺灣的轉型正義法制為例，《促進轉型正義條例》明定解密政治檔案、清除威權象徵、還原歷史真相等措施，其背後並非純粹依法行政，而是對「法律應當實現自由與正義」之理念的實踐。

黑格爾若面對此情境，將視之為抽象法與倫理生活之間的辯證轉化：透過制度修正來恢復自由的理念秩序，並讓法律成為社會自我修復與歷史和解的媒介。此種法律實踐不是對過去命令的執行，而是理念自由在現實中的回歸與重構。

法律的自然性與制度性辯證

法律作為自由的展現，並不意味其脫離自然條件。黑格爾承認，自然提供了法律實踐的基礎條件——人性結構、群體關

係、資源限制等。然而，若僅止於自然事實，則法律將淪為經驗慣例，而非理念實踐。

法律之所以可能成為自由的表現，是因其同時具備自然性（基於人類社會實際關係）與制度性（由理念構築之規範結構）。法律必須透過制度形式將自然社會關係理念化，並不斷調整與修正，才能在歷史中展現理念自由的動力。

結語：法律作為自由理念的外在顯現

總結而言，法律並非壓抑自由的工具，而是理念自由在自然與歷史條件下的具體實現。黑格爾的法哲學使我們理解，法律不只是一套規則體系，而是一場自由理念的歷史實踐。

當代法治社會若欲深化其正當性與倫理內涵，應重新理解法律作為自由的展現形式，將制度建設與理念辯證結合起來，使法律不僅調解衝突，更引導社會走向共同的自由實踐。

4. 主體性與自然秩序的緊張關係

主體的自由是否總與自然秩序衝突？

從現代性的哲學關懷出發，主體性常被理解為人的自我意識、自律與自由意志之展現。然而，自然秩序則往往被視為既

4. 主體性與自然秩序的緊張關係

定、必然且超越個體的結構——從物理規律到生態系統,再到社會與文化之自然化制度。黑格爾對此問題提出精緻的辯證觀點:主體性並非自然秩序的否定,但也無法簡單歸屬於自然之中,而是理念透過對自然的超越、反思與再結合,所展現出來的一種歷史性生成。

本節旨在探討黑格爾如何透過其哲學體系,處理主體性與自然秩序之間的張力關係,並以當代社會實踐為例,分析個體如何在自然約束下尋求自由行動的可能空間。

黑格爾體系中的主體生成與自然限制

在《精神現象學》中,黑格爾指出,主體並非原初即為完成狀態,而是透過與他者、自然與歷史互動中生成的存在樣態。精神的發展歷程,從感官經驗、意識、理性到自我意識,皆需經過對自然與外部世界的反思與揚棄。

這表示,自然秩序提供了主體形成的條件性基礎——例如肉體結構、語言習得、倫理習慣等——但主體若欲達到真正的自由,必須超越這些條件限制,在其中建立自我關係與意義實踐。主體性因此不是對自然的無視,而是對自然之內部邏輯的重新組構,是理念與現實張力下所產生的動態成果。

第八章　自由與自然法的哲學辯證

生物決定論與人文主體論之間的緊張

當代神經科學與演化心理學傾向以生物決定論來理解人類行為，認為個體的選擇、情緒與行動皆深受基因、荷爾蒙與神經結構的影響。然而，文化研究、批判理論與女性主義則強調人類作為主體的能動性與詮釋能力，主張個體可以挑戰既有規範，創造新的意義結構。

黑格爾的觀點不屬於這兩極，而是在其中尋找辯證路徑。他不否認自然條件的重要性，但指出自然自身並非封閉系統，而是理念透過歷史進程不斷改寫與昇華的對象。主體的行動自由並非無條件選擇，而是能否在既定自然與社會結構中，創造出具有理念意涵與倫理實效的新實踐形式。

氣候變遷中的個人行動與自然結構

當代氣候危機揭示出主體性與自然秩序之間的重大張力。一方面，個體的消費選擇、生活方式與政治參與都被視為對抗環境破壞的重要力量；另一方面，全球資本主義、能源依賴與氣候系統本身的惰性，使個體行動顯得渺小且無力。

黑格爾式的分析將指出：個體若欲真正實現對氣候的倫理回應，其行動必須超越個人選擇，進入制度變革與理念重構的層次。也就是說，主體自由的實現，不是對自然秩序的對抗，

而是透過在自然與制度結構中重新安排行動邏輯，展現出自由理念的集體實踐形式。

主體性作為理念對自然的歷史回應

黑格爾認為，主體的生成即是理念在現實中透過否定與揚棄而完成自我的歷史運動。主體性不是脫離自然條件的心靈，而是透過對自然邏輯的理解、內化與轉化，實現自由的辯證運動。

這意味著，主體性與自然秩序的張力，不應被理解為對立關係，而應視為理念實現之歷史現場。主體並非單純反抗自然，而是在自然中發掘自由的可能性，是理念透過物質、生命、制度與語言之形式，在現實世界裡的具體顯現。

結語：主體與自然秩序的辯證互構

總結而言，主體性與自然秩序的緊張，不是哲學難題，而是自由理念實踐的歷史張力。黑格爾讓我們理解，自然不是主體的敵人，而是理念形成的現場；主體也不是任意自我，而是歷史中對自然進行辯證實踐的結果。

在當代生態危機、科技發展與倫理挑戰之中，我們更需理解主體性不是脫離自然的抽象意志，而是理念在自然中尋求自由實現的實踐者。唯有如此，我們方能於自然秩序之中，實現真正的倫理行動與制度革新。

5. 自然災難與倫理責任的交界問題

自然災難可以歸咎於誰？

當地震、颱風、洪水、瘟疫等災難發生時，人們常以「天災」一詞表示其不可控制、不可預測。然而，在當代社會中，愈來愈多的自然災難事實上與人類行為密切相關，甚至成為人類活動引發的「人災」結果。氣候變遷導致的極端氣候、過度開發引發的山崩與水災，以及公共衛生體系失效加劇的疫情傳播，都促使我們重新思考：自然災難是否純屬自然現象？而當人類參與其因果鏈時，又應承擔怎樣的倫理責任？

黑格爾的理念哲學提供我們一種新視野：自然災難不僅是物質現象，更是理念尚未完成於自然與制度間的表現。在災難中，倫理責任與自然因果交織，揭示了理念在自然與自由間運動的中介地帶。本節即探討這一交界問題，並以當代真實案例呈現黑格爾式的哲學分析方式。

黑格爾的自然觀與倫理概念的差異結構

黑格爾將自然視為理念的外在化、異化與未完成形式，自然的偶然與毀壞是理念尚未自我統合的展現。而倫理責任則是精神對理念的認知與實踐，是自由在具體世界中的實現。兩者之間並無本體上的對立，但具有邏輯層次的差異。

5. 自然災難與倫理責任的交界問題

災難事件所引發的倫理困境，恰恰落於這差異之中：當災難源自非人為（如板塊運動）時，倫理討論主要集中於救助與回應；但當災難由人類行為間接造成或加劇時（如全球暖化引發乾旱與海平面上升），倫理問題則轉向責任分配、制度變革與歷史正義。

黑格爾認為，理念的實現需透過倫理生活（Sittlichkeit）中的制度性實踐來完成。即使自然災難並非出自人的意志，其引發的後果仍牽動倫理秩序，對此人類共同體有回應的責任。

氣候災難中的責任政治

氣候變遷所帶來的災難（如澳洲大火、歐洲熱浪、東南亞水患）不再能以「自然必然性」作為解釋，而需納入人類工業活動、能源政策與國際不平等結構來理解。在此脈絡下，倫理責任不僅屬於個人消費選擇，也涉及國家決策、企業行為與全球治理架構。

以「碳排放正義」為例，歷史上工業化國家對氣候變遷負有主要責任，但當今受災最嚴重者卻往往是開發中國家與貧困社群。這種現象挑戰了傳統責任歸屬的觀點，也迫使我們重構倫理評判的標準——從單一因果責任，走向制度性歷史責任與理念實踐責任的重構。

黑格爾在《法哲學原理》中指出，真正的倫理責任並非單一

行為的後果，而是理念是否在歷史中逐步實現的綜合指標。這讓我們在面對氣候災難時，得以從自由實踐的視角出發，將制度改革與倫理教育作為回應災難的核心策略。

COVID-19 與倫理治理的缺口

新冠疫情的全球擴散並非單純的自然病毒擴張，而涉及公共衛生體系的脆弱、資訊不對等、社會信任崩潰與全球合作不足。這場災難揭示出科技與制度之間的落差，也使我們必須反思倫理責任的分配問題。

例如疫苗分配不均現象，不僅反映國際資源不平等，更突顯倫理制度未能將理念自由普遍化至全球層面。黑格爾若處理此議題，將視其為倫理生活未完成的結果：制度未能充分實現自由理念，因而使自然災難加劇為社會性災難。

這也說明，自然災難的倫理回應不能止於應急與同情，更應進入理念反思與制度改造，建立具有理念普遍性的倫理秩序。

災難中的倫理行動：理念實踐的契機

黑格爾哲學強調，理念的實現總需透過否定性的歷程。災難即是理念尚未具體化的結果，但也因此提供理念得以重新組織現實的機會。

在災難中，倫理行動並非單純行善，而是理念自由如何透

過集體實踐、制度重構與歷史回應來形成新秩序。這包括災後重建中的參與式民主、災前預防中的風險教育，以及跨國合作中對人性尊嚴的制度保障。

結語：理念在自然裂隙中的實踐

總結而言，自然災難不僅是對人類脆弱性的提醒，更是理念尚未完全實現的現象證明。黑格爾讓我們看到，災難是理念與自然交界處最具挑戰的實踐現場。

在此，倫理責任不再是對過錯的追究，而是對理念實現進程的承擔。唯有將自由理念導入自然災難的回應與治理中，才能將災難轉化為倫理重構的契機，實現理念對自然的歷史性整合與超越。

6. 生態正義與當代社會理念之交錯

生態正義是自然的維護還是人的倫理實踐？

近年來，環境正義（ecological justice）成為全球社會關注的重要議題。它不僅關係到資源分配與代際正義，也深刻挑戰了我們對自然、人類與倫理關係的基本理解。從氣候行動、原住民族權益、能源轉型到生物多樣性保護，生態正義已從環境運

第八章　自由與自然法的哲學辯證

動擴展為對整個社會秩序的批判與重構。

黑格爾的理念哲學雖未直接使用「生態正義」一詞，然而其對自然、自由與倫理生活之辯證架構，提供我們一個理解與重構當代生態倫理的深層視角。本節將結合黑格爾自然哲學與當代表述，分析生態正義如何與現代社會理念產生交錯與張力，進而探討其可能的哲學基礎與實踐路徑。

黑格爾的自然理念與倫理生活

黑格爾認為自然是理念的外在化與非自足形式，唯有在精神中才能回歸自我統合。然而這並不意味自然只是供人類主體實踐的對象。相反地，黑格爾強調倫理生活（Sittlichkeit）不僅限於人際關係，也包括對自然條件的承認與尊重。真正的自由並非凌駕自然，而是透過理解與整合自然秩序，實現理念的歷史展現。

這使我們能從黑格爾架構中延伸出一種「辯證生態正義觀」：自然不是被動資源，而是理念展現的現場；倫理不只是對人之義務，也包括對自然世界中理念秩序的實踐責任。

生態正義與社會制度的衝突與調和

當代生態運動愈來愈強調正義維度。例如，在原住民族土地保護、污染區社區遷移、能源政策決策權分配等議題上，環

6. 生態正義與當代社會理念之交錯

境不再只是科學與保育問題，而是關涉權力、資源與歷史正義的政治空間。

這些議題與社會理念（如民主、公平、發展）的碰撞，揭示出生態正義已進入制度層面的鬥爭。以風力發電設施設置為例，一方面它是綠色能源的象徵，另一方面卻可能侵害當地社群的文化景觀與生態權益。

黑格爾式的分析提供調和張力的邏輯方向：生態正義不應僅以功利或保育原則評價，而應被納入倫理生活的理念脈絡中，尋求在自由與自然之間的制度轉化路徑。

原住民族與生態維護的共構實踐

在臺灣，達悟族對蘭嶼自然環境的維護即是生態正義與文化自主的交錯實踐。達悟族以傳統知識管理飛魚季與海洋資源，不僅展現對自然的深層尊重，也體現出其倫理與生態觀之融合。

然而，政府過往在蘭嶼設置核廢料儲存場，未徵詢在地意見，造成重大生態與文化衝突。這一歷程顯示，當代社會理念若未納入自然世界的倫理維度，將無法形成真正正當與可持續的制度安排。

黑格爾若面對此一案例，將指出理念在歷史與制度中的失落，並呼籲透過倫理總體性的重建，將生態保護、文化承認與制度調整納入自由理念的實踐版圖。

第八章　自由與自然法的哲學辯證

生態正義作為理念辯證的現代任務

　　黑格爾哲學的核心命題是理念透過歷史實踐展現其真理。生態正義不僅是回應環境危機的策略，更是理念如何在自然條件中重新定義自身的一種歷史任務。

　　當代社會若要真正落實生態正義，必須從以下三方面重構其理念基礎：

　　1. **承認自然的理念地位**：自然不只是被動資源，而是自由理念實踐的必要場域。

　　2. **倫理生活的生態擴展**：個人與社會的倫理實踐需延伸至自然關係，包含動物、土地與未來世代。

　　3. **制度安排的理念回應**：法制、政策與經濟體系須以理念自由為根本，重構與自然的共存關係。

結語：生態正義與社會理念的辯證交會

　　總結而言，生態正義不只是環境議題，而是對自由理念在當代社會條件下的辯證挑戰。黑格爾的自然哲學與倫理思想提供我們一條理解此挑戰的思路：理念不是抽象原則，而是自然與歷史中具體實踐的生成結構。

　　唯有當生態保護與社會制度在理念中統一，當自然關係成為倫理總體的一部分，當制度設計能內含自由的自然性基礎，

我們方能真正實現一種既回應當代危機、又忠實於理念運動的生態正義實踐路徑。

7. 自然自由的重新界定與實踐基礎

自然與自由是否能統一？

長期以來,「自然」與「自由」往往被視為對立概念:自然受制於必然性、機械性與無意識的運動;而自由則是精神、自主與選擇的表現。黑格爾卻在其哲學體系中指出,自然與自由並非絕對對立,而是理念運動中的兩個環節。真正的自由不是對自然的脫離,而是自然理念化之後的回歸與自我統合。

本節將從黑格爾的哲學觀點出發,探討「自然自由」如何可能,並思考在當代社會與生態危機的背景下,重新界定自然自由的概念及其實踐條件。我們將指出,自然自由不是自然本身的任意活動,也不是人的無限擴張,而是理念在自然世界中透過倫理、制度與文化自我實現的具體樣態。

黑格爾的自然自由觀:理念的生成與回歸

黑格爾在《自然哲學》中認為,自然是理念的他者性,是理念的外在顯現,但並非無意義的對象。相反地,自然是一種尚

未完成自身的理念結構,其內在運動正朝向自我統合、目的性與精神之開展邁進。

自然的自由性表現在其從機械性向有機性、有機性向精神性的演進中。植物之生長、動物之本能、人的有機性與認知活動等,皆展示出自然並非完全被動,而具有內在的自我運動邏輯。此自我運動,正是理念自由的自然基礎。

因此,自然自由不是自然界對人類約束的缺失,而是自然中潛藏理念動力的展現,是自由以生命與秩序自然生成的表現形式。

永續發展與自然自由的實踐重構

「永續發展」(sustainable development)概念的核心,正體現出一種自然自由的現代形式──即人類在不破壞自然條件的前提下實現其自由與繁榮。這種發展模式試圖平衡環境保護、經濟進步與社會正義,為理念自由與自然必然之間建立協同機制。

黑格爾式觀點能補足當代永續論述中對理念維度的忽略:永續不是技術管理問題,而是倫理與歷史實踐問題。只有當制度設計與文化教育將自然自由內化為社會理念時,永續才能超越功能性修補,成為歷史性的理念實踐。

例如綠色經濟中的「循環設計」、農業系統中的「生態農法」、都市空間中的「綠帶政策」,皆是理念透過自然條件重新組構自由形式的具體實踐。

7. 自然自由的重新界定與實踐基礎

臺灣能源轉型與理念自由的張力

臺灣能源政策從核電依賴邁向再生能源目標，其間展現出自然自由的實踐衝突。核能象徵效率與穩定，但背負災難風險與世代不正義；太陽能與風電則具備永續潛力，但也需克服土地利用與在地共識的挑戰。

黑格爾式分析將指出：自由不是擇一的任意，而是理念在多重限制中構築實踐形式的能力。能源政策若僅從功利或政治計算出發，將無法形成穩定正當的自然自由制度；唯有將技術、倫理、參與納入理念實踐結構，才能真正達成自然自由之整體性。

自然自由的實踐條件：理念如何下行於現實

自然自由的實現需要三個層次的結構轉化：

1. **倫理認知**：理解自然不是他者，而是理念的生成空間，並將此納入教育與文化。

2. **制度設計**：從法制、經濟與政治結構中納入自然限制與共生邏輯，建構多層次參與架構。

3. **歷史實踐**：將自然自由視為理念歷史運動的當代形式，在危機中形成新秩序與價值結構。

黑格爾指出，自由是歷程與生成。因此，自然自由不是某種已然之物，而是理念如何在自然世界與人類社會中辯證成為的歷史運動。

第八章　自由與自然法的哲學辯證

結語：理念實現的現代形構

總結而言，自然自由不是自然本身的任意性，也不是人類自我意志的擴張，而是理念如何在自然限制與社會條件中尋求實現自由的歷史進程。黑格爾提供我們一條從本體論、倫理學與制度設計整合理解自然自由的路徑。

唯有當自然不再被視為工具，而成為理念生成的舞臺；唯有當社會制度與倫理教育共同承擔自由理念的實踐責任；唯有當自然與自由不再是對立，而是歷史上的內在結構轉化，我們方能真正進入自然自由的時代，也為理念開展出通往新世界的哲學路徑。

第九章
現代自然科學與黑格爾的距離

第九章　現代自然科學與黑格爾的距離

1. 自然哲學與科學方法的邏輯分歧

哲學與科學為何總是分道揚鑣？

自十七世紀科學革命以來，現代科學憑藉經驗觀察、數學模型與實驗驗證迅速崛起，逐步取代了古典自然哲學的地位。自然哲學（philosophy of nature）被視為過於形上、抽象、缺乏可檢驗性，而科學則自我定位為中立、精確且技術可行的知識形式。然而，黑格爾在其自然哲學中強烈質疑這種對立，指出哲學與科學分離所造成的理解危機。

本節將釐清黑格爾對自然哲學與科學方法間邏輯分歧的批判，並說明這一分歧如何關涉理念與現實、主體與客體、整體與分析之間的知識結構問題。我們也將探討當代哲學與科學對自然本質的理解仍存何種延續與斷裂。

黑格爾對自然科學分析方法的批判

黑格爾在《自然哲學》中對現代科學方法抱持高度警惕。他指出，科學以感官經驗為依據，採用歸納與演繹的形式，試圖建立客觀中立的自然定律，但這種方法忽略了對「何以自然是自然」這一更深層理念的追問。

在黑格爾看來，科學方法的核心在於分析性——將自然拆

1. 自然哲學與科學方法的邏輯分歧

解為可測量、可操作的部分單元，並以數學語言描繪其規律。然而，這種分析往往失去了自然的整體性、發展性與目的性，無法回應自然運動的辯證性結構。自然在科學中淪為無生命的對象，而非理念自身的顯現場域。

他認為真正的自然知識應包含對自然的內在邏輯之理解，即理念如何外化為空間、時間、運動與生命的形式。這種理解要求將實證提升為哲學思辨的素材，使知識不僅是控制，也能成為自我理解的展現。

科學哲學的反思與界線重構

二十世紀以來，科學哲學開始重新反思科學方法的基礎假設。湯瑪斯・孔恩（Thomas Kuhn）指出科學發展並非線性積累，而是經歷「範式轉移」的革命過程；保羅・費耶阿本德（Paul Feyerabend）更主張「反方法論」，認為科學發展本質上無統一方法，反倒需要多元理論的共存與衝突。

這些觀點與黑格爾的批判在邏輯上形成呼應：科學知識不是純粹理性邏輯的結晶，而是歷史、社會與理念交織的產物。因此，黑格爾自然哲學在當代重新獲得哲學關注，其強調「發展性整體」的知識觀為理解自然提供了新的詮釋框架。

第九章　現代自然科學與黑格爾的距離

牛頓力學與生物演化的科學轉折

以牛頓力學為例,其三大定律與萬有引力理論為近代自然科學奠定基礎,並在工業革命中發揮關鍵作用。但黑格爾指出,牛頓學說將運動視為外力之結果,忽略運動本身的自生性與目的性邏輯。

相對地,生物演化論的興起(特別是拉馬克與達爾文)引入自然內部的發展性結構——物種並非靜態集合,而是在歷史過程中自我變異與適應的表現。這類轉變代表科學自身在邏輯上已潛藏對辯證思維的回應,而非單一機械還原的再生產。

哲學與科學的互補關係:理念與實證的辯證融合

黑格爾的立場並非排斥科學,而是要求哲學提供科學發展的理念統攝。自然的認識若僅停留於實證數據與定律模式,將無法開展出自然在歷史與自由中的意義結構。

真正的自然哲學應以科學成果為材料,將其整合進理念運動之內,使自然知識不僅具有工具性,也具有自我認識的精神性。這不僅讓科學擁有批判反思的能力,也讓哲學避免停留在空洞抽象的命題中。

結語：從經驗到理念的躍遷

總結而言，自然哲學與科學方法之間的邏輯分歧，實則是一場關於知識本質的辯證拉鋸。黑格爾提醒我們，若知識僅為操作與控制之工具，自然將成為人類意志的對象化機制，最終導致自由的喪失。

唯有當科學能被納入理念辯證的運動，當自然不只是實驗室的對象，而是理念生成與實踐的現場，我們才能跨越知識的分裂，重新統合自然與精神、實證與自由之間的歷史性關係。

2. 當代理論物理學與黑格爾自然觀的對話

理論物理與自然理念的再會可能嗎？

當代理論物理學，特別是在相對論與量子場論的脈絡下，顯示出自然世界並非單純的機械結構，而是充滿關係性、場域性與非直觀的邏輯張力。這些發展似乎讓現代物理重新接近自然哲學的問題場域，尤其是那些黑格爾在其自然哲學中所提出的理念、運動與整體性結構。

本節將分析黑格爾自然觀與當代理論物理之間可能的對話軸線，並探討雙方如何在自然結構理解、知識構成與自由理念

第九章　現代自然科學與黑格爾的距離

實現等層面產生呼應或張力。這不僅有助於我們從哲學層次回應當代科學，也為重構一種整體自然觀提供可能的方向。

黑格爾的自然運動觀與當代物理場論的共鳴

黑格爾認為，自然不是靜態實體的總和，而是理念在空間、時間與運動中自我展開的結構。其自然哲學強調運動的內在性、自我否定與生成邏輯——這正與當代物理場論中強調能量場、波動性與粒子生成的概念形成共鳴。

例如，在量子場論中，粒子被理解為場之激發態，且場本身即是一種運動結構。這與黑格爾所描述的「自然非實體，而為運動之實存」的觀點產生形上學層次的接近。自然不再是被觀察的客體，而是能動生成的場域，是理念內在必然性與偶然性辯證的現場。

相對論與自然結構的非絕對性思維

愛因斯坦的相對論顛覆了牛頓力學的絕對時空觀，指出空間與時間並非獨立實體，而為物質與能量關係下的動態結構。這種觀點讓自然不再是單一尺度下的靜態實體，而是多重視角與關係中的生成現象。

黑格爾雖無相對論語言，但其理念運動同樣反對絕對靜態的實體觀。他主張自然在時間中發展，其存在乃來自不斷生成

2. 當代理論物理學與黑格爾自然觀的對話

的過程。從這層意義而言，相對論中的動態結構，與黑格爾辯證法中「存在即生成」的思維邏輯具有高度呼應。

物理學家與哲學家的對話回聲

當代表物理學家如卡洛・羅威利（Carlo Rovelli）或李・斯莫林（Lee Smolin）等，對於傳統時空觀與粒子觀提出批判，主張時間為關係性產物、自然為事件與結構交織之場域。這些主張常接近黑格爾自然哲學的辯證性整體觀，儘管未必直接援用其術語。

此外，當代哲學家如凱薩琳・馬拉布（Catherine Malabou）也嘗試將黑格爾的「形式與生成」結構引入現代科學理論的討論中，開展跨領域的哲學科學對話。這種趨勢顯示，黑格爾哲學雖非自然科學的操作方法，卻可成為其形上學與倫理意義的思考框架。

弦論、場論與黑格爾的理念運動

弦論主張粒子非點狀實體，而是延展之振動弦，其不同振動模式對應於不同粒子性質。這讓自然世界呈現為一種高維多層次結構，其中時間、空間與物質皆來自更深層之場動力學。

黑格爾若面對此理論，或許會指出：這種理解潛藏著「自然並非實體，而為概念之現身」的契機。弦的振動非源於外力，而

第九章　現代自然科學與黑格爾的距離

為自身結構的展開，與辯證法中理念透過自身矛盾生成實存的運動邏輯相通。

哲學如何回應自然科學的理念化要求

當代理論物理學提出許多具深度的結構模型與非直觀圖像，這些模型雖未必形上自明，但皆指向自然為一種非還原性、關係性與動態性整體的理解。這正是黑格爾自然哲學可再入場的切點。

哲學不應只是旁觀批判，更應回應自然科學所遺落之理念基礎——如目的性、整體性與自由性等，使自然知識回到精神生成與倫理實踐的脈絡之中。

結語：辯證自然觀的當代重構

總結而言，當代理論物理雖從數學與實證出發，但其對自然的場域化、生成性與關係性理解，與黑格爾的理念自然觀形成了可能的對話空間。哲學與科學若能從辯證思維出發，將自然理解為理念之動態展現場域，則有助於超越還原論局限，實現自然與自由、物質與精神之間更深層次的整合。

這不只是知識方法的問題，而是對世界整體性理解的再定位——黑格爾的自然觀雖源於十九世紀，但其對自然之理念性本質的堅持，依舊是當代自然理解不可或缺的形上維度。

3. 生態學與系統論的辯證潛力

整體與互動能否構成新自然哲學？

在當代科學與社會理論中,生態學與系統論逐漸成為對自然理解的重要視野。這些理論不再依賴還原主義對自然拆解為個別因果線性的分析方式,而強調系統內部的相互關聯、動態調節與非線性生成。這樣的知識轉向,與黑格爾在其自然哲學中主張的整體性、辯證性與理念運動形成有趣的共鳴。

本節將探討黑格爾自然哲學如何為當代生態學與系統論提供辯證的深層基礎,並分析這些科學發展如何實踐一種理念於自然中顯現的思維結構。我們將特別關注在氣候變遷、生態危機與系統失衡背景下,整體性自然觀如何成為倫理與制度行動的新依據。

黑格爾的整體性自然觀:有機結構的辯證秩序

黑格爾在《自然哲學》中區分三種自然形態:力學、物理學與有機生命。其中,有機生命體的分析最能展現其自然觀的核心 —— 即自然不是個別現象的總和,而是一種具有內在目的性、自我生成與反思能力的整體秩序。

這種有機性不只是生物學上的概念,更是一種邏輯結構:理念如何在外在形式中保存自身,並透過差異與關係產生出新

第九章　現代自然科學與黑格爾的距離

的結構。此觀點與生態系統內部多層次、多節點互動的理論架構高度相通，兩者皆否定孤立與靜態的自然理解。

系統論的理念回響

系統論強調開放性、適應性與自我調節，例如盧曼（Niklas Luhmann）提出「自我參照系統」作為社會與自然的共同原理，進一步挑戰以外在因果為主的自然觀。這種觀點不只是操作性理論，更是對自然與社會整體動態生成的重構。

此與黑格爾在《邏輯學》中對「自我關聯」與「概念之運動」的分析密切呼應。概念不是靜態實體，而是在否定與統合中的自我生成過程。同樣地，生態系統的穩定不依賴中心控制，而來自於各子系統間動態平衡的邏輯張力。

氣候系統與辯證調控的挑戰

以氣候系統為例，該系統具備多層級、多維度的互動模式——海洋、氣流、土地利用、碳循環與人類活動等構成一個無法單向預測的整體網絡。小變數可引發大規模連鎖反應（蝴蝶效應），這種系統邏輯要求我們放棄線性因果，轉向複雜辯證的理解模式。

黑格爾若面對這類問題，將主張理念必須進入系統結構之中，作為調控與反思的力量。倫理與制度必須內化系統複雜性，

而非用外在命令企圖主宰。例如碳交易制度若僅以經濟計算操作，將無法觸及背後的自然關聯邏輯與倫理關懷。

生態學作為自由理念的系統實踐

若自由不是任意選擇，而是理念於結構中實現之動態能力，那麼生態學與系統論即是理念如何在自然中具體實踐的現代形態。黑格爾的自然觀讓我們理解，系統的開放性與自我調節能力不是反自由，而是理念得以形成自我秩序的條件。

以永續農業、生態城市設計與再生能源網絡為例，這些制度與技術實踐皆依賴系統思維，並試圖在自然條件下實現理念自由的具體形式。其價值不止於效率，而在於理念如何透過結構轉化自然與人的關係。

結語：辯證生態觀的重建

總結而言，生態學與系統論不只是科學理論，更是自然哲學於當代語境中的轉化重生。黑格爾自然哲學對整體性、目的性與辯證運動的理解，提供了理解這些理論的深層結構框架。

當我們以辯證方式看待自然系統，便能發現理念不再是抽象原則，而是自然結構中生成、維持與調節之動力。這讓我們不只是反思自然，也重新定位倫理、制度與人類實踐於自然自由的歷史場域。

第九章　現代自然科學與黑格爾的距離

4. 演化論的再詮釋：從黑格爾視角觀之

演化是機遇累積還是理念實現？

演化論自十九世紀以來成為理解生命發展的核心理論架構。達爾文提出的「自然選擇」與「適者生存」邏輯，強調物種演化受偶然變異與環境壓力影響，逐漸取代神學式的設計觀。然而，這種自然主義演化觀是否已完全掌握生命發展的哲學本質？若從黑格爾的視角出發，演化不只是自然過程，更是理念在物質結構中展現自我發展的一種歷史運動。

本節將探討黑格爾如何為演化論提供一種辯證式的哲學詮釋，並重新定位生命發展的目的性、整體性與理念性。我們也將分析當代理論生物學的發展與黑格爾哲學之間可能的對話與啟發。

黑格爾的生命觀：從自然必然性到理念目的性

黑格爾在《自然哲學》中認為，有機生命體並非僅由機械物理法則構成，而是一種具有內在目的性、自我再生與發展能力的存在。生物不是機械結構，而是理念在自然中的自我統合形式——具備自我維持、自我差異化與自我否定能力。

演化若從黑格爾立場來看，不再是隨機突變與選擇的累積，而是生命概念本身為了實現更高自由與組織秩序，不斷在歷史

4. 演化論的再詮釋：從黑格爾視角觀之

與自然條件中生成更複雜結構的運動。黑格爾所謂「概念的具體化」可視為生命進化的邏輯形式基礎：即理念如何透過差異與否定，產生質變與階段性飛躍。

發育生物學與系統演化論的新框架

現代生物學逐漸從早期的基因中心論轉向更整體與系統性的理解。例如「演化發育生物學」（Evo-Devo）指出，基因表現需在特定發育路徑與環境交互中才能形塑特定形態，顯示出發展過程本身具有結構性與方向性，而非完全偶然。

這與黑格爾的辯證邏輯相呼應：理念不是預設的完成狀態，而是在條件與否定中逐步生成。生物演化不是無序堆疊，而是透過歷程中的內在矛盾與重構，逐步展現系統的組織性與開放性。

人類演化中的理念軌跡

人類演化是一個典型展現理念實現的自然歷程。從直立行走、大腦發展、語言能力到倫理意識的出現，皆非單純的適應結果，而是理念在自然結構中逐步出現的現象表達。

例如語言的生成不僅是溝通需要，更是理念抽象能力在物質媒介中成形的具體實踐。人類倫理意識的形成──對責任、未來、死亡的反思──更揭示著精神理念進入自然進化歷程，並將其導向非生物學性但卻具有歷史必然的發展方向。

第九章　現代自然科學與黑格爾的距離

黑格爾若重構演化論，將會強調人類並非演化的偶然成果，而是理念自由在自然條件中實現的邏輯進程。這種觀點將演化理解為理念自我建構與否定性展開的歷史樣式。

自然進化與理念自由的邏輯結構

從黑格爾視角看，演化可被理解為理念透過自然物質展開自身的辯證運動。這一運動包含三個邏輯面向：

1. **差異與否定**：物種多樣性來自理念對自身界限的突破與重新形構。

2. **整體與階段**：生命演化不是線性過程，而是理念在歷史中透過各階段達成更高整合的形式。

3. **自由與實現**：生物體的發展趨向自由——從受限於本能到能反思、自我規範的倫理主體。

這一思維框架不僅回應了生物學理論的發展，也深化了我們對自由與自然關係的理解。

結語：理念於生命歷史中的生成運動

總結而言，黑格爾式的演化觀並非否定生物學的經驗成果，而是為其提供哲學上的意義結構。生命演化不只是物理與化學的產物，而是理念如何透過自然的條件與矛盾實現自由的歷史樣態。

当我們將黑格爾的自然觀應用於當代演化論,不僅能超越還原主義的限制,更能為自然科學注入自由理念的辯證動能。這樣的詮釋有助於我們從自然歷程中重新看見自由精神的生成軌跡,也為哲學與科學的整合提供了深厚的思想資源。

5. 神經科學與身體哲學的當代表述

腦神經活動是否能解釋主體意識?

隨著神經科學技術的迅猛發展,關於人類意識、感知與思維的研究進入前所未有的深度。從功能性磁振造影(fMRI)到神經網路模擬,現代科學逐步揭示了大腦在認知與情緒活動中的物質基礎。然而,這是否表示心靈只是腦神經的總和?主體性、自由意志與倫理行動是否仍有其非還原的哲學地位?

本節將從黑格爾的自然哲學與精神哲學出發,對當代神經科學進行批判性對話,重新界定「身體」作為理念與自然交界處的現場。我們將探討神經現象與主體意識的關係,並思索自由與身體性如何可能在當代重新結合為一個哲學整體。

第九章　現代自然科學與黑格爾的距離

黑格爾對身體與精神的辯證關係

在《自然哲學》中,黑格爾明確指出,人體並非單純的生物機器,而是精神自我實現的自然形式。身體是理念的有機外化,既是限制又是實現的媒介。在《精神現象學》中,黑格爾進一步指出,自我意識是透過與自然、他者的互動逐步形成,並非內在本質的直接展現。

這意味著,黑格爾拒絕將意識等同於生理機制。他強調「理念在身體中實現為自由的條件」,主體性是透過對身體活動的掌握、言語表達與倫理行動中不斷生成,而非固定的神經結構所能完全解釋。

神經還原論的哲學挑戰

神經還原論認為意識可完全由神經活動解釋,甚至某些認知科學家提出「自由意志是幻覺」的主張。然而,這種觀點遭到多方哲學家的批評,如湯瑪斯・內格爾(Thomas Nagel)強調「主觀經驗」無法被客觀第三人稱科學完全捕捉;約翰・塞爾(John Searle)則認為「意向性」不等於神經事件。

黑格爾的批判邏輯為此提供深層結構:若將心靈還原為物質,則失去了「理念在歷史中實現」的根本動力。科學描述的是條件,而非生成;是實體,而非意義。主體性若無自由理念之

結構,即無法展現倫理行動的正當性,也無法解釋人類文化、歷史與精神生活的厚度。

語言、記憶與主體性的具體張力

以語言為例,神經語言學指出語言處理涉及布洛卡區、韋尼克區等特定腦區,並可透過影像技術觀測。然而,語言的創造性、隱喻性與文化性,遠非單一神經刺激所能涵蓋。黑格爾認為語言是「理念之外化形式」,它不只是溝通工具,更是主體在倫理生活中建構世界的活動。

再如記憶機制,科學可以描述記憶如何儲存與召回,但對「為何這記憶具有意義」、「其歷史角色為何」等問題,則需回到理念在時間中運動的結構分析。記憶作為主體的延續與實踐形式,其意義根本上來自歷史性與倫理性,而非神經反應的總合。

自由意志的身體基礎與超越可能

神經決定論者指出人類行為可由神經預測,但黑格爾反駁此類機械論:人之所以為人,不在於反應,而在於能反思其反應並改變其行動。自由不是選項數量,而是理念是否能透過身體與制度實踐而實現其倫理目的。

黑格爾式的身體哲學指出,自由意志不是「反物質」,而是「理念透過物質生成自身」的過程。身體並非敵對於自由,而是

其實踐地基。因此，真正的身體自由不是擺脫條件，而是理念在條件中實現自我統合的運動。

結語：身體作為理念運動的生成場所

總結而言，神經科學提供我們觀察心靈現象的物質基礎，但黑格爾哲學讓我們理解心靈活動的生成邏輯。主體性不只是神經活動的總合，而是理念如何透過身體這一自然形式，展開其自由與歷史的整體運動。

身體既是條件也是可能，既限制亦開啟。在這樣的辯證結構中，當代神經科學與黑格爾自然哲學之間不再是對立，而是理念與自然、物質與精神、機制與自由之間對話的實踐空間。

6. 量子力學與自然的非決定性問題

自然的運作是否絕對可預測？

自牛頓力學以來，經典物理學長期以為自然界遵循絕對的因果律，萬物運動皆可透過初始條件與數學公式進行預測。然而，二十世紀初量子力學的誕生動搖了這一信念。微觀世界中，粒子的行為呈現不確定性與概率性，量子糾纏與疊加態更打破了經典物理對物質與時空的直觀認知。

6. 量子力學與自然的非決定性問題

本節將探討黑格爾自然哲學與量子力學在「自然的非決定性」問題上的關聯與差異，分析黑格爾的理念運動如何回應當代物理學對自然本質的重新定義，並思索自由理念是否可能在不確定性的自然結構中獲得新的哲學立足點。

黑格爾對自然決定性的歷史批判

黑格爾生活於十九世紀初，尚未見證量子力學的發展，但他對牛頓式機械論的批判已有深刻預見。他認為將自然理解為死板的機械結構，會忽略自然內在的生命性、偶然性與理念展現。他主張自然不是完全封閉的因果系統，而是一種在生成中展開其內在矛盾與發展性的理念形式。

這意味著，即便在黑格爾體系中，自然具有必然性，但這必然性非靜態的法則集合，而是透過差異、否定與超越性運動所構成的動態整體。換言之，黑格爾所謂的「理念必然」包含著對「現象偶然」的內在統攝，這為理解量子非決定性提供一種哲學基礎。

量子力學的哲學困境

量子理論中的核心命題，如海森堡不確定性原理與波粒二象性，顯示物質行為在微觀層次中並非絕對確定，而是取決於觀察、測量與機率波動。波函數的坍縮以及觀測者效應，更迫

第九章　現代自然科學與黑格爾的距離

使物理學進入哲學領域，探問「觀察是事實的建構者」這一根本問題。

這樣的觀點與黑格爾的主體－客體辯證觀有內在親近之處。黑格爾認為自然知識不能脫離主體的活動，對自然的理解總是主體對理念的認識運動。若觀測者參與影響自然現象，那麼「自然非中立」的概念正與黑格爾批判還原主義的立場形成呼應。

量子糾纏與整體性自然觀

量子糾纏現象指出，兩個粒子即使相隔遙遠，其狀態仍瞬時關聯，違反了經典物理的區域性原則。這種非區域性與關聯性，暗示自然世界不是由獨立單元構成，而是深層整體性結構。

黑格爾的自然觀強調自然為理念外化的系統整體，其中各部分並非獨立，而是透過整體性邏輯連結。量子糾纏或可被視為自然自身對理念整體性的現象顯影，即個別存在之間非透過機械互動，而由概念結構的共構所形成關聯。

非決定性與自由理念的關係重構

黑格爾在《邏輯學》中指出，真實不是靜態實體，而是「作為結果的過程」。若自然在量子層面表現出非決定性，這不必然意味自然無秩序，反可能意味自然包含更高層次的理念運動，其中自由非偶然之對立面，而是歷史開放性與意義生成的條件。

從這角度看，量子非決定性可理解為自然世界中尚未概念完成的生成區域，在此自由得以嵌入自然邏輯而非與之對立。主體性不是違抗自然規律，而是在非決定性中構築自身行動與倫理選擇的可能性。

結語：自然的不確定性與理念的確定性辯證

總結而言，量子力學挑戰了經典物理對自然的決定論圖像，但黑格爾哲學為此提供一種理念統攝偶然、自由融入自然的思辨框架。自然的不確定性非否定理性，而是提示理念如何在生成之中展現自身的運動。

這一對話促使我們超越「自由或自然」的二元對立，轉而思考自由如何在自然非決定性的結構中透過倫理、制度與文化形成其現實形態。這是黑格爾哲學在當代表述中重新發聲的契機，也是自然哲學延續其形上任務的重要基礎。

7. 哲學與科學對自然本質的不同詮釋

自然的本質究竟為何？

當代知識體系中，哲學與科學常被視為理解自然的兩大路徑，卻在自然本質的認知上呈現出深刻的分歧。科學追求可驗

證的經驗事實與數學模型;哲學則關心自然存在的意義、結構與目的性。這種認知架構的差異,不僅反映方法學的對立,也揭示了對自然如何存在的根本態度。

黑格爾作為理念哲學的代表,對自然本質提出了不同於經驗科學的詮釋。他主張自然不是單純的物質總和或機械運動,而是理念自身的外在化、一種有待自我統合的存有形式。本節將探討哲學與科學在自然本質問題上的不同取徑,並以黑格爾自然哲學為軸心,分析這種差異如何塑造我們對自由、倫理與知識本身的理解。

科學詮釋:自然作為可計算與可控制的對象

科學的方法論核心在於觀察、實驗與數學化建模,這使得自然被視為可測量與可重現的對象。從牛頓的力學體系到今日的氣候模型、生物演化樹、粒子加速器觀測結果,科學不斷將自然簡化為變數、方程與系統圖示。

此種知識體系在實用與預測層面展現出驚人效率,但其本體論前提是:自然世界為一封閉邏輯下的秩序集合。黑格爾指出,這樣的觀點忽略了自然的歷史性、生成性與理念性,導致自然被還原為靜態對象而非動態結構,缺乏對自然之內在邏輯與精神關係的理解。

7. 哲學與科學對自然本質的不同詮釋

哲學詮釋：自然作為理念之外化運動

與科學方法的操作性相對，哲學更關心自然的根本結構與意義問題。對黑格爾而言，自然不是他者性純物質的存在，而是理念的否定性顯現，是自由尚未完成自我統合時的展現狀態。

黑格爾主張，自然作為理念的「外在性」，具有不可還原於經驗的內在邏輯。空間、時間、有機性、生命乃至意識，皆是理念自我展現的階段。科學在此結構中只是描述其「現象」，而非通達其「本質」。這也解釋了為何科學能精確描述自然規律，卻難以說明自然為何如此存在。

跨域整合的哲學反思

今日科學與哲學的隔閡雖依舊存在，然跨領域的整合趨勢已逐漸浮現。例如在氣候變遷議題中，純科學的數據模擬難以解釋為何人類應採取某種行動；而倫理學與政治哲學的介入，則回到自然在價值與意義上的定位問題。

黑格爾若處於今日，或將主張理念自由需在自然與制度之間建立辯證通道。自然若僅為控制對象，倫理與制度將淪為技術操作；但若自然被理解為理念實現的歷史場域，則人類自由實踐才得以在制度與自然間獲得整體性的意義根基。

第九章　現代自然科學與黑格爾的距離

人工智慧與自然模擬的哲學困境

人工智慧發展日新月異，其大量仿生模擬與神經網路設計常聲稱可重構自然智能。然而，這些模擬系統雖在形式上複製自然結構，卻無法說明自然為何生成如此結構、又如何構成倫理與意識的根基。

這顯示出：若缺乏對自然本質的哲學理解，科技可能僅限於再現現象而無法觸及其理念意涵。黑格爾指出，只有當自然被理解為理念實踐與精神運動的場域，我們才可能評價科技實踐的倫理正當性與制度方向。

結語：自然本質的哲學回返

總結而言，哲學與科學對自然本質的不同詮釋不應視為對立，而是互為補充的認識路徑。科學揭示自然之現象構造與可操作條件，哲學則揭示自然之理念根基與精神架構。

在黑格爾的自然哲學中，這種雙重認識透過辯證邏輯整合為整體：自然不是抽象概念也非單純經驗，而是理念於歷史中逐步實現自身之過程。這讓我們不僅能理解自然「是什麼」，更能理解我們「應如何與之共存」，並在自然之中實現自由與倫理生活的哲學基礎。

第十章

自然作為自由理念的現身

第十章　自然作為自由理念的現身

1. 自然與理念的最終統一可能性

自然與理念能否走向終極和解？

自古以來，哲學總試圖回應一項根本問題：自然與理念的關係為何？在近代，隨著自然科學的發展，自然逐漸被視為可操作與可測量的對象，而理念則退居形上、倫理或美學的領域。然而，黑格爾在其自然哲學與整體理念系統中，卻持續堅持兩者最終應當合一。他認為自然並非理念的否定他者，而是理念自身的外在展現、一種尚待自我回歸的存有形式。

本節旨在探索黑格爾所提出的自然與理念之最終統一可能性，並結合當代生態倫理、宇宙論與文化實踐的辯證經驗，反思這種統一是否僅為形上宣告，抑或已在歷史與制度中展現其具體可能性。

黑格爾體系中的自然－理念關係

在《自然哲學》中，黑格爾將自然界定位為理念之外在性，是理念否定自身主體性後的顯現形式。在此意義上，自然不是對立於精神的絕對他者，而是理念運動的「必經階段」。理念透過自然的形式展開其外化歷程，並在歷史與倫理制度中達成自我統一。

1. 自然與理念的最終統一可能性

　　這種統一並非回歸原始同一，而是理念經歷自然異化與否定後的自我重構，是辯證運動的結果。黑格爾稱此為「理念的圓滿性」，並在《邏輯學》與《哲學全書》末段揭示，理念透過自然與精神的雙重運動，最終實現對自身的完全知識與實踐。

自然宇宙與理念結構的再連結

　　當代宇宙論不再僅描述星體運行與宇宙擴張，更探問「宇宙為何具備能孕育生命與意識的條件」。所謂「宇宙微調理論」(fine-tuning theory) 指出，物理常數若有微小變動，生命將無可能出現。這提示我們，宇宙不僅是自然事件的集合，亦可能隱含某種理念性結構。

　　此外，當代跨領域理論如「總觀效應」(overview effect)、「生態整體論」等，也呈現自然世界與人類意識重新交織的軌跡。理念不再只是哲學反思對象，而是在自然災難、環境危機與倫理重構中展現其現實力量。黑格爾式的理念—自然統一觀，正於此脈絡中獲得新的歷史語境與實踐方向。

環境倫理中的理念回歸

　　以「地球倫理」概念的形成為例，當代學者如詹姆斯·洛夫洛克 (James Lovelock) 提出「蓋亞理論」，主張地球是一個自我調節的整體生命系統，而布魯諾·拉圖爾 (Bruno Latour) 則進一

第十章　自然作為自由理念的現身

步強調人類與自然之間的共構關係。在他們看來，現代環境危機不僅是資源耗竭或污染問題，更深層地反映出人類與自然關係的疏離與價值崩解。因此，應從倫理與政治層面重新理解自然的主體性，並建立一種包含理念維度的自然關係觀，而非僅仰賴技術治理。

此即是黑格爾所主張之「理念的重現」——當自然不再只是外部客體，而成為人類自由實現的倫理場域。在這過程中，理念並未抽離自然，而是在自然中找到其目的性與歷史性，在制度、教育、文化中實現其整體性。

統一的實踐條件：歷史、制度與反思

自然與理念的最終統一，並非一次性的形上躍遷，而是歷史運動中逐步完成的實踐歷程。此歷程需滿足三個條件：

1. 歷史反思性：理念不能自外於自然歷史，而必須透過對自然災難、生態關係與生命條件的反思進行自我調整。

2. 制度建構性：理念須化為法律、教育與文化制度，嵌入現實生活中，將自由轉化為倫理秩序。

3. 精神統整性：精神不只是知識積累，更是理念在現實中尋求整合與自我實踐的動力。

黑格爾在其體系末段指出，理念只有在它是現實的時候，才是理念。這提醒我們，統一不是思想的宣言，而是行動的成果。

結語：從外在自然到理念回歸

總結而言，黑格爾對自然與理念最終統一的思考，為我們提供了一條連接存在與自由的哲學通道。在這條通道中，自然不再是抽象客體，而是理念生成與實踐的歷史場域。理念也不再停留於理性世界，而透過自然顯現出其辯證與實踐的真實形態。

這種統一不是回到同一性，而是歷經差異與否定後的統整，是自然自由、倫理秩序與理念自覺的共同生成。當我們重新審視自然與理念的關係，就可能從黑格爾的思路中汲取重建世界秩序與自由實踐的哲學資源。

2. 自然歷史中的精神軌跡

自然歷史是否蘊藏精神的行跡？

在傳統觀點中，自然歷史被視為一連串物理與生物事件的演化過程，精神則被認為是人類文化、宗教與哲學的產物。然而，黑格爾在其自然哲學與精神哲學體系中，卻強調精神不是與自然對立的超然實體，而是理念在自然歷史中的生成結果。從最原初的生命運動，到人類的倫理實踐，黑格爾主張精神的軌跡深藏於自然歷史之中，並隨其辯證運動逐步浮現。

本節將分析黑格爾如何看待自然歷史與精神歷史的內在連

第十章　自然作為自由理念的現身

結，探討自然界中如何發生理念意義的轉折與深化，並結合演化、生態與文化發展的觀點，說明自然歷史不只是物質軌跡，也是自由理念逐步實現的過程。

黑格爾觀點下的自然歷史：從生命到精神的辯證展開

黑格爾區分自然界中的三個基本階段：機械性、物理性與有機性。他主張，唯有當自然進入有機生命的層次時，理念才真正開始顯現其內在動力——自我再生、目的性與個體性。這些特質成為精神出現的條件，也象徵自然不再只是外在運動的總和，而是理念在內部運動中的展開形式。

精神並非突如其來，而是自然歷史中理念邏輯的漸進具體化。在此脈絡中，演化不只是生物適應機制，而是理念為實現自由而逐步形成的物質基礎。黑格爾的觀點讓我們得以將自然歷史視為精神誕生前的孕育歷程，是理念通往自我意識與自由的準備場域。

從人類學與文化演化看精神生成

當代人類學與文化演化論已指出，語言、宗教與技術並非單純工具發明，而與群體認同、意義建構與道德秩序的建立密切相關。這些元素不是突然出現，而是從靈長類的社會結構逐步演進而來。

2. 自然歷史中的精神軌跡

　　黑格爾若面對這些研究，將會指出這些文化現象正是理念逐步在自然歷史中開展的跡象。人類文化不是對自然的反抗，而是對自然形式的提升與意義賦予。換言之，精神的歷史不僅是哲學、宗教與藝術的發展史，更是一部自然歷史中理念逐漸自覺的進程。

儀式、埋葬與倫理感的出現

　　人類早期的儀式行為——如埋葬死者、部落祭儀、圖騰象徵——被視為精神文化的萌芽。這些行為表示人類開始以非實用的方式面對死亡、生命與宇宙，開始將自然界與自身存在之關係賦予倫理與形上學意義。

　　黑格爾若評論這些現象，將指出其中蘊含理念自我肯定的萌芽：在自然界尚未具備語言與制度的時代，精神已透過象徵與儀式開始建立自我形式，這是理念從自然中出發走向倫理整體的具體展現。

精神歷史中的自然痕跡：黑格爾的歷史哲學視角

　　黑格爾的歷史哲學指出，世界歷史是理念自由的實現史，而非純粹事件堆疊。這條歷史軌跡雖然在人類行動中表現，但其根源與邏輯早已於自然歷史中醞釀完成。因此，自然歷史並非被拋棄的他者，而是精神歷史之不可或缺的地基。

第十章　自然作為自由理念的現身

　　從人類面對自然的敬畏到對自然規律的理解，從農耕與建築到城市與國家的形成，我們不難發現：每一項文化進展皆以自然條件為媒介，並在超越這些條件中實現理念的轉化。自然在此過程中既是素材，也是舞臺，是精神歷史之不可中斷的背景。

結語：精神於自然歷史中的自我追尋

　　總結而言，黑格爾所揭示的自然歷史中的精神軌跡，不僅為我們提供一種重構人類文明根源的方式，更指出理念自由的實現需以自然為歷史場域進行。精神不是脫離自然的抽象存在，而是在自然條件中透過辯證運動展現其自我。

　　這使我們得以超越自然與文化的二分思維，理解自由理念如何在物質條件與歷史進程中逐步實現其整體性。在黑格爾的體系中，自然歷史不再只是科學的對象，而是精神形上學運動的起點與通道。

3.　自然與宗教象徵的哲學關係

自然如何承載宗教象徵？

　　宗教象徵自古以來即深植於自然經驗之中。山嶽、海洋、雷霆、日月星辰，無不成為神聖的載體與崇敬的對象。對黑格

3. 自然與宗教象徵的哲學關係

爾而言,這些自然象徵不只是文化幻想或神話建構,而是精神理念於自然形式中的初步自我表現。宗教象徵是理念從自然現象中尋找其自身之過程,是自然與精神、有限與無限的橋梁。

本節將從黑格爾宗教哲學出發,探討自然如何成為宗教象徵的生成場所,並分析自然經驗與神聖感的關係。透過歷史、藝術與信仰實踐,我們將理解宗教象徵如何在自然中展現理念,並提供人類通往自由與真理的形上學通道。

黑格爾宗教哲學中的自然象徵角色

黑格爾在《宗教哲學講演錄》中指出,宗教的首要形式即是自然宗教(Naturreligion),其中自然現象直接被視為神聖的顯現。此一階段尚未形成抽象神概念,但已隱含理念對其自身之追尋。在自然宗教中,宗教象徵並非任意聯想,而是理念於自然中以感性形式表達其絕對性的第一步。

例如太陽被視為萬物之源,是光明、生命與節律的象徵;流水被看作淨化與重生的媒介,皆展現出自然現象如何被精神文化所轉化。對黑格爾而言,這種象徵性不是迷信,而是精神尚未脫離自然形式時,理念於感性領域中的自我呈現。

第十章　自然作為自由理念的現身

生態宗教感與環境神聖性

在當代，宗教與自然的關係再次受到重視。氣候變遷與生態危機引發新的「生態宗教感」(eco-spirituality)，不少宗教社群開始重申自然界的神聖性，並發展出與地球和諧共處的神學論述。例如教宗方濟各的《願祢受讚頌》通諭便強調自然界中的神臨與倫理責任。

黑格爾若面對這些發展，將會指出它們正體現出宗教象徵向理念深化的歷史過程——從自然直接崇拜，走向理念倫理化的神性理解。這種轉變不僅是宗教內容的更新，更是精神對自然認識的昇華：自然不僅是經驗現象，更是理念自由欲實現其倫理總體性的實踐場域。

自然地景中的神聖體驗

臺灣多數山嶽地形如玉山、阿里山等地被視為聖地，不僅因其壯麗自然景觀，更因其在人們心中引發敬畏與超越感。原住民族文化中如魯凱族的祖靈山觀念，正是自然地景轉化為宗教象徵的典型例證。

這些象徵體現了黑格爾所言的「理念在感性中之自我外化」：精神尚未以語言或理性系統化地說明自身時，已透過自然經驗在象徵中對自由、死亡與永恆性進行初步形上學的探索。

3. 自然與宗教象徵的哲學關係

象徵作為理念與自然的中介形式

對黑格爾而言，象徵並非終點，而是過渡。自然宗教雖然停留於感性與具象，但其歷史意義在於為理念指認其自身提供了起點。宗教象徵中的自然形象，使精神開始以具體形態面對抽象理念，並為宗教藝術與神學體系之後的發展提供基礎。

這也說明，象徵具有辯證功能：它既非純粹自然也非純粹理念，而是兩者交錯生成的過渡形式。唯有透過象徵，人類才能在歷史中理解理念的普遍性並將其具體實踐於倫理生活之中。

結語：從形象到理念的昇華

總結而言，宗教象徵與自然之間的哲學關係，是理念如何在自然形式中尋求自身、並逐步走向自我實現的辯證過程。對黑格爾而言，自然不只是信仰的背景，而是理念歷史性自覺的感性基礎。

自然界之所以能夠成為宗教象徵的來源，是因為理念自身便蘊藏於自然之中，等待被精神所發現與表達。這種象徵性不僅具有詮釋功能，更指向理念通往倫理與自由之實踐可能，是形上學通向現實的橋梁。

4. 藝術中自然的再現與超越

藝術能否揭示自然的理念本質？

藝術作為人類精神的表現形式，一直以來皆以自然為創作靈感的泉源。山水畫、風景詩、自然雕刻等形式不僅模仿自然，更試圖透過藝術形象揭示自然的深層結構與精神意涵。對黑格爾而言，藝術並非單純的摹仿活動，而是一種理念的再現，是精神透過感性形式表達理念真理的手段。自然在藝術中不僅被再現，更被超越，其意義被重新構築於精神性與自由理念之中。

本節將探討黑格爾美學體系中自然如何作為藝術的對象與媒介，藝術又如何在表現自然中實現理念的再現與超越。我們也將分析當代藝術實踐如何回應自然議題，並思考自然與藝術在當代生態倫理與精神建構中的角色。

黑格爾美學中的自然：再現與精神的轉化

在《美學講演錄》中，黑格爾指出自然並非藝術的終極目的，因為自然本身缺乏內在自由的精神性。然而，藝術之所以自然為主題，是因為自然可作為理念的感性載體。透過藝術創作，人類能夠將自然形式提升為理念的顯現，使之成為自由精神的象徵。

4. 藝術中自然的再現與超越

　　藝術中的自然不是模擬實景，而是理念在感性中之有機顯現。無論是希臘雕刻的自然姿態，或是文藝復興畫作中的光影運用，黑格爾皆視之為「理念於自然形式中的自我表達」。這一過程構成自然的再現與超越，使自然從經驗現象轉化為精神理念之容器。

自然藝術與生態美學的展開

　　進入二十一世紀後，藝術家與思想家日益重視自然議題，發展出「生態美學」（eco-aesthetics）與「環境藝術」等形式。在這些實踐中，自然不再是單純的描繪對象，而是對話與反思的主體。藝術不僅呈現自然之美，更揭露環境危機、倫理困境與人類與自然間的矛盾。

　　如英國藝術家安迪・高茲沃斯（Andy Goldsworthy）以天然材料創作自然裝置藝術，表現自然循環與生命無常；而臺灣藝術家王文志則利用漂流木構築空間裝置，喚起對自然災難與環境再生的關注。這些實踐證明藝術不僅再現自然，更重新賦予自然以倫理與理念的意義。

藝術中自然的轉化與精神性建構

　　以中國水墨山水畫為例，其表面雖是自然景觀描繪，實則隱含哲學與倫理觀點。山不僅是地形，更象徵堅定與超越；水

第十章　自然作為自由理念的現身

不僅是流動,更象徵生生不息與陰陽轉化。藝術家並不尋求還原自然,而是透過象徵與筆法,傳達對自然本質的哲思。

這正是黑格爾所強調的「理念在感性中自我實現」:藝術使自然轉化為理念表達的載體,使觀者不僅見自然之形,更觸理念之思,進而參與理念自由的辯證實踐。

藝術的超越功能:自然作為自由理念的媒介

黑格爾認為藝術的最高任務在於表現理念之真理,尤其是在宗教與倫理未能全面完成理念實踐時,藝術提供一種中介形式。藝術中的自然因此不再是對象,而成為理念運動的場所,是理念於感性中尋找自身的場域。

自然在藝術中被重新形塑,變得透明於理念。在這樣的運動中,自然不再是限制人類自由的他者,而是自由理念得以進入現實世界、啟發行動與倫理的門徑。藝術的超越性即在於此:透過形式之美將自然導入理念之中,使精神在面對自然時不僅觀看,更參與其再創造。

結語:從模仿到自由理念

總結而言,藝術中自然的再現與超越,展現出理念如何在自然形式中得以實現與昇華。黑格爾的美學為我們提供一條理解藝術與自然辯證關係的理論道路,使我們得以從模擬與再現

中看到理念自由的歷史運動。

在當代生態危機與文化轉型之中，藝術成為重新喚醒人類與自然關係的精神實踐場域。當自然被藝術化，不是成為商品或標本，而是理念倫理的發聲者、自由實踐的起點，這即是黑格爾藝術哲學在當代所啟發的深層潛力。

5. 自然界的倫理化與理念實現

自然是否能承載倫理意涵？

在面對當代生態危機與人類活動對地球造成的衝擊時，我們不得不重新思考自然與倫理的關係。黑格爾雖未在其時代遇見生態問題的具體樣態，但其哲學體系卻提供了對此問題的深層啟發。他所提出的理念自我實現邏輯，意指自由並非抽象主體的脫離自然，而是理念在自然中重構其倫理實踐的具體條件。

本節將從黑格爾的辯證邏輯出發，探討自然界如何在理念運動中逐步倫理化，並說明自然界不只是現象的總和，而是理念實現的歷史空間。透過對當代生態實踐、倫理理論與制度設計的分析，我們將勾勒出自然成為倫理實踐場域的可能性。

第十章　自然作為自由理念的現身

黑格爾對自然倫理的潛在結構

雖然黑格爾未直接發展出「自然倫理學」，但他在《自然哲學》與《精神哲學》中不斷強調自然為理念歷史展現的舞臺。自然界並非倫理的他者，而是理念實現自由的第一形式。在自然中出現的秩序、關聯與生命之自我保存，即已暗含理念的運動邏輯。

特別是在有機體的研究中，黑格爾指出，生物體並非外在作用力的被動結果，而是內在目的性與功能性的整體結構。這使自然本身具備「自我關聯」與「他者關聯」的倫理潛力——即是從生命的角度思考自然的價值性，而非單純的工具性利用。

從環境倫理到理念實踐

當代環境倫理學如奧爾多・李奧波德（Aldo Leopold）的「土地倫理」、阿納・奈斯（Arne Næss）的「深層生態學」，皆主張自然界具有其內在價值，主體不應僅為人類中心主義。這些理論主張與黑格爾理念哲學的根本張力相似：自由不是壓制自然、剝奪自然，而是與自然共構出倫理關係與制度形式。

理念之所以能在自然中實現倫理化，是因為倫理不是抽象命令，而是透過具體結構與實踐回應現實條件的整體性運動。環境行動、綠色法制與永續教育是自由將自然納入倫理秩序的一種歷史實踐。

5. 自然界的倫理化與理念實現

臺灣永續制度中的倫理結構

臺灣近年來推動《氣候變遷因應法》與《溼地保育法》，顯示出自然保護已不再只是生態議題，而成為法治社會的核心議題之一。例如，《溼地保育法》不僅保護生物多樣性，更強調當地居民參與與生態文化保存，顯示出理念在制度與自然之間形成交織。

這類制度安排展現出黑格爾式倫理實踐的三個面向：理念的公共性、自然的主體性、以及制度的歷史性。換言之，理念不是超越自然的指令，而是透過自然中的結構來完成自由的具體化與倫理化。

自然的倫理化條件：理念如何穿透現實

黑格爾理念哲學指出，自由理念若不能進入現實結構，則無法成為歷史。自然的倫理化正是一種自由理念歷史化的過程，其核心條件包括：

1. **自我關聯性**：自然系統需被理解為能自我維持與調節的整體，具有倫理上應受尊重的地位。

2. **制度媒介性**：理念須經由法律、教育、規劃等結構進入自然實踐，否則無法轉化為歷史力量。

3. **反思歷史性**：倫理不是靜態原則，而是針對災難與不正義的歷史反思，使理念不再是抽象理想，而是現實改變的動能。

第十章　自然作為自由理念的現身

結語：倫理與自由的共同歷史

總結而言，自然界的倫理化並非理念外加，而是理念在自然歷史中尋求其自由實踐形式的必然階段。黑格爾所提供的邏輯是：自然不是倫理的他者，而是倫理生成的現場，是理念如何穿越限制與物質條件，在結構中展現其普遍性與實踐性的歷史路徑。

當自然不再僅是技術治理的對象，而被納入理念秩序之中，倫理將不再只是人類內部的共識，而成為自然與人類共構之自由歷史的一部分。這正是黑格爾自然哲學於當代倫理實踐中的嶄新價值。

6. 自然哲學在黑格爾體系中的終極定位

自然哲學是起點還是終點？

在黑格爾的哲學體系中，自然哲學位處邏輯學與精神哲學之間，作為理念外化後之第一顯現形式，經常被視為邏輯發展的中介。然而，若僅將自然哲學視為一段過渡，我們可能忽略其在整體哲學系統中的核心角色。自然不僅是邏輯與精神之間的橋梁，更是理念自我實現不可或缺的歷史場域。

本節將從黑格爾整體哲學架構出發，探討自然哲學如何在

6. 自然哲學在黑格爾體系中的終極定位

其體系中獲得終極定位。透過其與邏輯學、精神哲學及歷史哲學的交織關係，我們將指出自然哲學並非附屬領域，而是整體理念實現辯證歷程中的關鍵環節。

自然作為理念外化的歷史必經階段

黑格爾於《大邏輯》中指出，理念必經外化，方能實現其真實性。此外化過程即是自然哲學所處之位置——理念否定其純粹抽象性，成為時間、空間與實體性運動的具體形式。自然因此不是理念的錯誤形態，而是理念實現自我辯證的必要條件。

自然的多樣性、偶然性與有機性，正是理念邏輯中「他者性」的具體表現。黑格爾強調，自然雖不具有自我反思能力，但其秩序與生成邏輯已預示精神出現的契機。換言之，自然哲學標示出理念通往自由與自我知識的實踐方向。

精神與自然的再統合：體系結構中的辯證閉環

黑格爾的哲學體系由《邏輯學》啟動理念的抽象結構，由《自然哲學》展開其外在化歷程，並由《精神哲學》引導理念回歸自我反思與倫理實踐的高度。在此體系中，自然哲學不只是過渡性篇章，而是理念辯證運動的中樞旋點，是理念由抽象向具體過渡的必要結構。

精神若無自然為其生成條件，將無以展開其倫理、文化與

第十章　自然作為自由理念的現身

歷史實踐。反之，若理念無法從自然中回返至自我認知與自由實踐，自然將永遠停留於他者性。因此，自然哲學之地位是整體理念體系內的「辯證中介」：既非開端也非終點，而是閉環之核心。

自然哲學與跨領域知識整合

在當代，黑格爾自然哲學被重新評價，正因其整體性思維對應今日分裂化知識結構之需求。當今的科學——人文分野、生態危機與倫理困境，皆呼喚一種能將物質現實、歷史發展與精神自由整合的哲學架構。

自然哲學成為整合神經科學、生態學、技術倫理與文化批判的潛在平臺。正如黑格爾所設想，自然不是思辨之外的對象，而是理念在經驗中實現自身辯證邏輯的舞臺。這使自然哲學在當代不僅是哲學分類之一，更成為觀念實踐與知識統一的理論支點。

教育與自然哲學的再結合

例如，自然哲學在當代教育中的回歸，已體現在通識教育、環境課程與跨科整合中。理念若無自然條件與歷史結構，將難以激發學生對世界整體的思考。黑格爾的整體系統正為教育提供一種「從自然出發、通往自由」的知識地圖。

此類實踐說明，自然哲學不再是抽象學科，而是關乎倫理形塑、公民素養與人類未來的核心關懷。其終極定位，正是在於理念如何透過自然理解與實踐，走向自由、制度與倫理之統合歷史。

結語：理念歷史的動力中樞

總結而言，自然哲學在黑格爾體系中並非附屬或可略之章節，而是理念運動中必經之辯證核心。它承擔理念外化之任務，並為精神的生成提供歷史與物質基礎。

在此脈絡下，自然不僅是知識的對象，而是理念自身於現實之中展現自由與統一的歷史性場域。自然哲學因此成為黑格爾體系中實踐與反思的樞紐，也為當代表述開啟一條從自然走向理念、從秩序走向自由的哲學道路。

7. 自然作為自由理念之現身與再展開

自然是否能成為自由理念的現實形式？

黑格爾哲學的最終命題在於理念的自我實現，即自由如何在現實世界中展現其整體運動。自然，作為理念第一階段的外在性，從未脫離這一運動的核心。若說自然哲學標示了理念的

第十章　自然作為自由理念的現身

外化,那麼其最終命運即是轉化為自由理念的現身場域,並開啟其歷史中的再展開可能。

本節將探討自然如何不再只是理念的外在否定,而成為理念自由運動的顯現與延續。藉由黑格爾體系內的邏輯閉環結構、精神實踐與當代自由制度的形成脈絡,我們將揭示自然如何在被理念承擔與超越的同時,構成自由理念具體實踐的永續背景。

現身的辯證:自然作為理念的感性顯影

在黑格爾體系中,「現身」(Erscheinung)是理念進入感性世界的方式,但並非表層的出現,而是本質以可經驗形式自我顯現。自然便是在此意義上成為自由理念的現身:它是理念為了實現自身所需經歷之客觀條件。

自然現象如時間、空間、有機生命,皆展現出內在邏輯與目的性,顯示理念非被動投射於物質,而是積極建構其外在形式。自然因此不是自由的他者,而是自由理念以異化形式對自身的表達,是自由於否定自身中所保持的歷史記憶。

再展開:從自然中重新回到理念的歷史運動

黑格爾指出,理念不是靜態本質,而是透過外化、分裂與回歸的不斷展開。精神作為理念的最終實現,並非終點,而是理念得以再次開展自然之內容、使其倫理化、制度化與自我意

7. 自然作為自由理念之現身與再展開

識化的過程。

自然作為理念之現身，意味著自由在自然中建立其歷史形式，而再展開則是理念不斷從自然中回收其潛能，轉化為教育、技術、藝術與制度的結構。從生態文明到永續發展，從綠色科技到生態城市，皆是自然作為自由理念現身後，被再度開展為歷史實踐的具體形式。

自然自由理念的多重現場

在當代，自然作為自由理念的展現已不再抽象。社會運動、環境治理、綠色經濟等，皆體現出理念在自然結構中實現倫理與制度的可能。例如，臺灣能源轉型政策不僅涉及技術與市場，更牽涉價值選擇、倫理優先與社會共識的建構，這正是自然成為自由理念實踐平臺的表現。

此外，新興的環境正義論述強調自然資源的公平分配、跨世代責任與地方知識的主體性，顯示自然不再只是生存背景，而是理念實踐與倫理關係網絡的交會場域。這些動態運動正呼應黑格爾理念再展開的歷史邏輯。

哲學與制度的整合：自然歷史作為未來實踐方向

若自然是一種自由理念的歷史現身，則每一次環境選擇、科技革新與制度改革，皆不僅是操作與應變，更是理念實踐的

第十章　自然作為自由理念的現身

辯證時刻。黑格爾強調，自由不可能脫離歷史與物質條件，因此自由理念的實現不可能迴避自然。

未來的自然哲學將不只是反思性學科，而成為倫理制度設計、公共政策與文化想像的實踐中樞。從環境教育到全球治理，從氣候法制到社區經濟，理念皆透過自然現實展開其自由運動，使「自然即理念」不再只是形上學命題，而成為行動的倫理基礎。

結語：歷史辯證的無限實踐

總結而言，自然作為自由理念之現身與再展開，是黑格爾自然哲學體系的終極辯證運動。自然並未終結於精神的到來，而是在理念歷史中被不斷召喚、重構與倫理化。

這一過程使自然不再只是概念的他者或感性世界的對象，而是理念展現自由、制度與精神統合之具體歷史場域。因此，自然的哲學不只是對世界的反思，而是自由理念與現實世界不斷交織、生成與創造之實踐空間。

編後語：
理念仍在自然中行走 ——
黑格爾思想的當代迴響

在本書完成之際，我們不禁再次回到那個最初的問題：自然是什麼？對一位哲學家而言，這並非僅是對宇宙結構的好奇或對生態系統的描述，而是一個關乎存有、自由與歷史的終極問題。對黑格爾而言，自然不僅是理念的外在性，更是理念之自我運動在歷史與實踐中的場域。自然不只是那「被他人操縱的對象」，而是理念自身為實現自由而通過的有機歷程。

這樣的思維架構，或許對某些讀者而言仍顯陌生，甚至難以立即與當代的科學、政治或環境議題連結。然而，正如本書每一章節試圖展開與佐證的，黑格爾自然哲學的當代表述，其實早已潛伏在我們的世界圖像與制度實踐之中 —— 無論我們是否察覺。

從體系出發：自然並非邊陲，而是中樞

在黑格爾的體系中，自然哲學往往被誤解為中介環節、思辨系統中略過不提的一章，或純粹過渡至精神世界的必要階段。

編後語：理念仍在自然中行走─黑格爾思想的當代迴響

但透過本書的結構設計與詮釋角度，我們試圖證明：自然並不是體系邏輯的背景牆，也不是理念誤落人間的斷裂帶，而是歷史生成中的邏輯核心，是自由實現的結構開端與永續動力。

從生命的偶然與必然、從人工生命的倫理邊界，到量子非決定性的自然奧祕與地球倫理的制度實踐，我們逐步展示了黑格爾對自然的理解如何不僅涉及「什麼是自然」，更關乎「自由如何在自然中可能」。這種哲學架構，不僅挑戰了主客體二元的知識思維，也對當前的知識分類與價值判準提出根本性質疑。

自然與自由：一場被延遲的現實辯證

本書的標題「黑格爾自然哲學的當代表述」是一項企圖，也是一場冒險。我們深知，任何對黑格爾哲學的當代轉化，皆有陷入過度詮釋或失焦的風險。但我們堅信，唯有在具體制度與歷史情境中，黑格爾自然哲學的力量才能真正釋放。

自然不是一張空白舞臺供理念上演，也不是一臺死寂的機器等待人類修補。自然是理念的記憶，是自由的起源地，也是未來倫理實踐的實驗場。在當代，這樣的哲學反思不僅適用於生態議題，更關涉能源政策、都市治理、科技倫理與身體政治。正如我們在書中不斷重申：自由若不能穿越自然條件，就只是抽象空談；自然若不能進入倫理實踐，便只能成為被規劃的對象。

黑格爾式方法的回歸：
辯證不是妥協，而是生成

與許多現代哲學思潮不同，黑格爾的辯證邏輯從不迴避矛盾、對立與歷史張力。自然與理念的關係不是線性演進，也不是強制整合，而是在矛盾中尋找再展開的契機。這種思考方式，對當代陷於極端對立與簡化解決的世界格外重要。

舉例來說，我們無法再用「自然 vs. 技術」、「環境保護 vs. 經濟成長」這類二元對立來理解複雜的全球局勢。相反地，唯有承認自然自身內含制度化潛能、理念本身需要物質條件的實踐結構，我們才能真正建立持續性的倫理架構，而非短暫政策的拼裝體。

這正是黑格爾辯證法在本書寫作中所發揮的作用：不是將一切概念包裹為「絕對精神」，而是提供一種歷史開放、邏輯生成與制度實踐能夠交織互通的哲學結構。

臺灣位置的思考：
地景、制度與文化交會的自然場域

特別值得一提的是，本書雖以黑格爾為主軸，卻不斷嘗試將其思想放入臺灣的語境之中。從玉山地景的宗教象徵，到氣候變遷法的制度實踐，再到能源轉型的價值爭論，我們希望指

編後語：理念仍在自然中行走─黑格爾思想的當代迴響

出：自然不是外在的，而是我們日常生活與文化肌理的一部分。

在這個海島之地，面對天然災害、環境變遷與國際規範的多重壓力，我們特別需要一種結合理念、歷史與實踐的哲學語言，來重新定位我們與自然的關係。黑格爾自然哲學的當代表述，若能在此發芽，將不僅是知識的復興，也是公共倫理的開展。

尾聲：理念仍在自然中行走

黑格爾指出，理念唯有在成為現實時，才展現其真正的本質。本書所嘗試的，正是讓這句話在當代自然與倫理的交界處重新發聲。當我們走入山林、觀察物種、規劃城市、或制定法案時，理念其實從未遠離。它始終行走於自然之中，只等待我們以新的眼光去理解、實踐，並延續其生命。

這並非將自然哲學當成通往烏托邦的捷徑，而是承認：自由從未脫離過自然，自然也從未停止其理念生成的節奏。

未來的自然哲學，將不再只是古典知識的回顧，而是制度設計、文化實踐與全球倫理的核心支柱。而我們願相信，在這條從理念出發、穿越自然、回歸精神的辯證路徑上，每一位讀者，都將找到自己的哲學位置與行動起點。

國家圖書館出版品預行編目資料

自由的自然——黑格爾自然哲學的當代表述 / 杜秉佑 編譯. -- 第一版. -- 臺北市：崧燁文化事業有限公司, 2025.07
面；公分
POD 版
ISBN 978-626-416-642-3(平裝)

1.CST: 黑格爾 (Hegel, Georg Wilhelm Friedrich, 1770-1831) 2.CST: 學術思想 3.CST: 自然哲學
147.51　　　　　　　　　114008143

自由的自然——黑格爾自然哲學的當代表述

編　　譯：杜秉佑
發 行 人：黃振庭
出 版 者：崧燁文化事業有限公司
發 行 者：崧燁文化事業有限公司
E - m a i l：sonbookservice@gmail.com
粉 絲 頁：https://www.facebook.com/sonbookss/
網　　址：https://sonbook.net/
地　　址：台北市中正區重慶南路一段 61 號 8 樓
8F., No.61, Sec. 1, Chongqing S. Rd., Zhongzheng Dist., Taipei City 100, Taiwan
電　　話：(02) 2370-3310　　傳　　真：(02) 2388-1990
印　　刷：京峯數位服務有限公司
律師顧問：廣華律師事務所 張珮琦律師

-版權聲明-
本書作者使用 AI 協作，若有其他相關權利及授權需求請與本公司聯繫。
未經書面許可，不可複製、發行。

定　　價：375 元
發行日期：2025 年 07 月第一版
◎本書以 POD 印製